Criatividade em Eventos

TURISMO CONTEXTO

Conselho Editorial
Adyr Balastreri Rodrigues - USP
Antonio Carlos Castrogiovanni - PUC-RS
Eduardo Yázigi - USP
Luiz Gonzaga Godoi Trigo - PUC-Campinas
Mario Carlos Beni - USP
Rita de Cássia Cruz - Unibero

Francisco Paulo de Melo Neto

Criatividade em Eventos

Copyright© 2000 Francisco Paulo de Melo Neto
Todos os direitos desta edição reservados à
Editora Contexto (Editora Pinsky Ltda.)

Revisão
Sandra Regina de Souza/Texto & Arte Serviços Editoriais

Projeto e montagem de capa
Antonio Kehl

Diagramação
Global Tec - Produções Gráficas
Texto & Arte Serviços Editoriais

Dados Internacionais de Catalogação na Publicação (CIP)
(Câmara Brasileira do Livro, SP, Brasil)

Melo Neto, Francisco Paulo de.
Criatividade em eventos / Francisco Paulo de Melo Neto. –
5. ed., 2ª reimpressão. – São Paulo: Contexto, 2024.

Bibliografia
ISBN 978-85-7244-154-4

1. Criatividade. 2. Eventos correntes. 3. Título.

00-3779   CDD-306.481

Índice para catálogo sistemático:
1. Criatividade em eventos: Sociologia   306.481
2. Eventos: Criatividade: Sociologia   306.481

2024

EDITORA CONTEXTO
Diretor editorial: *Jaime Pinsky*

Rua Dr. José Elias, 520 – Alto da Lapa
05083-030 – São Paulo – SP
PABX: (11) 3832 5838
contato@editoracontexto.com.br
www.editoracontexto.com.br

Proibida a reprodução total ou parcial.
Os infratores serão processados na forma da lei.

Sou grato a Evanilse Dantas pelo seu trabalho dedicado na digitação e conferência dos textos. A João Cobra pelo atendimento perfeito em seu restaurante durante os breves descansos no decorrer deste trabalho.

Tenho uma dívida de gratidão com Jaime Pinsky, por investir e acreditar neste trabalho. E a todos os meus leitores e cúmplices nesta maravilhosa jornada pelo mundo dos eventos criativos, que ora se inicia.

Dedico este livro aos meus colegas de trabalho, alunos e leitores que curtiram comigo as minhas criatividades oportunas e inoportunas, bem-sucedidas e malsucedidas. Não sei se são vítimas, cúmplices, coadjuvantes ou fontes inspiradoras deste processo. Com certeza, guardam na lembrança os belos momentos que passamos juntos.

Aos meus filhos, Alexandre e Luís, que às vezes temem pelas ações por demais criativas, mas amam o seu pai inovador.

Afinal, são eles o produto da minha mais genial criação.

E à minha companheira Élia Puppin, que me ensinou um jeito criativo de ser.

Sumário

Apresentação _____ 11

Conceitos introdutórios _____ 13

O evento como espaço criativo _____ 25

O processo criativo em eventos _____ 45

As estratégias criativas em eventos _____ 63

As novas tendências na promoção de eventos _____ 97

Evente-se _____ 109

Bibliografia _____ 115

Apresentação

Este é um livro de práticas e experiências criativas com ênfase em eventos.

O tema aqui abordado é a criatividade em eventos, o que vale dizer que o destaque é dado não à criatividade como processo, mas aos eventos como resultado de um pensar criativo. Assim, vamos analisar a estratégia de criatividade aplicada a eventos.

Muitos sabem o que é criatividade, mas não conseguem colocar em prática seus conceitos, técnicas e modelos de planejamento e execução. A razão pode estar na incapacidade de pensar criativamente, pois qualquer ação criativa se baseia num conceito novo, numa abordagem inovadora, no pen-sar diferente.

Outros, conhecedores e praticantes da arte de pensar e agir criativamente, não o fazem por bloqueios de comportamento e atitude. Não inovam porque acham que não vale a pena, acomodados em suas esferas de conformidade e poder inexpugnáveis. Com isso, administram suas posições de poder e suas conquistas funcionais e o *status quo* que lhes confere segurança.

Alguns agem criativamente de forma intuitiva, sem conhecer o "estado da arte" da criatividade. São os artistas leigos, os inventores populares, os que já trazem consigo o talento. Mas são ainda poucos aqueles que conhecem a criatividade e a prática de forma racional e também intuitiva e criam utilidades, valores e emoções para as pessoas.

Este livro destina-se a todos aqueles que desejam investir no seu potencial criativo. Desejam aprender mais e praticar mais a criatividade em seus eventos.

A abordagem do livro, como o próprio título demonstra, é a criatividade em eventos. No entanto, a abrangência do conceito de evento, a sua natureza múltipla, seus conteúdos e formatos diversos nos levam a crer que a criatividade em eventos aplica-se a qualquer coisa que realizamos, sob a forma de atividades, encontros, solução de problemas, descobertas e invenções.

Sempre digo que a melhor forma de curtir a vida é transformá-la numa sequência de eventos – cada reunião de família, um evento; cada projeto, um ou mais eventos; cada encontro, pessoal ou profissional, um evento e uma expectativa de novos e melhores eventos.

Nossa ideia de eventos é limitada a festas cívicas, religiosas, festivais de música e de arte, jogos e competições, festejos populares etc.

No decorrer do livro, vamos analisar conceitos e experiências criativas em diversos eventos dessa natureza.

Torne sua vida uma sucessão de grandes e pequenos eventos. Para os professores, cada aula, curso e palestra, deve ser um evento-espetáculo. Os artistas sabem que seus shows e performances dependem do seu show-espetáculo e do seu poder de divertir o público.

Os profissionais que apresentam ideias, projetos e sugestões em reuniões de negócios, congressos e seminários devem encarar suas apresentações como eventos. Os artistas e suas obras devem aprender a divulgá-las e vendê-las por meio de eventos próprios e de terceiros.

E, para aqueles que, como eu, realizam projetos e eventos, este livro é uma leitura oportuna e indispensável.

Francisco Paulo de Melo Neto

Conceitos introdutórios

A importância dos eventos

Quando leio os jornais, suas manchetes, seus cadernos e suplementos de cultura, vejo eventos em cascata.

Na televisão, os eventos fazem parte das programações diárias. As rádios tornaram-se promotoras de evento. São eventos de moda, científicos, de negócios, culturais, esportivos, ecológicos, sociais, religiosos, gastronômicos, com temas diversos.

É difícil imaginar um dia em nossas vidas sem eventos. Eles constituem a mais nova mídia atuante em nosso meio. Tornaram-se estratégias de comunicação de produtos e marcas de todos os tipos.

São eventos que mobilizam a opinião pública, geram polêmica, criam fatos, tornam-se acontecimentos, despertam emoções nas pessoas e fazem do entretenimento a nova indústria do terceiro milênio.

Evento é um conceito de domínio amplo. Na verdade, tudo é evento. De cursos e palestras até shows, jogos e competições esportivas, exposições, festivais, festas, mostras de arte e mesmo campanhas publicitárias criativas.

Encontros reunindo pessoas para discutir e debater qualquer tema se tornam verdadeiros eventos. Falas, gestos e depoimentos são marcas de eventos. A mídia não vive sem evento. Cidades ganham novas vidas com eventos. Turistas viajam o mundo para participar de eventos.

David Konstan, chefe do departamento de Letras Clássicas da Brown University (EUA), em visita recente ao nosso país, tocou numa questão essencial nos dias de hoje: como o homem moderno lida com as suas emoções?

Suas afirmações chegam a chocar pela sua firmeza e veracidade: "O homem moderno vive numa época de empobrecimento emocional coletivo (...) as sociedades individualistas de nosso tempo sofrem de uma síndrome crônica de empobrecimento social e emocional (...) A vida emocional do homem contemporâneo parece ter ficado restrita ao universo do erotismo e das aventuras amorosas"[1].

Uma das formas de reverter essa situação de empobrecimento emocional do homem moderno é fazê-lo participar de eventos. O evento amplia os espaços para a vida social e pública e conduz as pessoas para a experimentação conjunta de emoções.

Por exemplo, uma peça de teatro, um jogo de futebol, uma exposição de sucesso transmitem emoções e desenvolvem sentimentos compartilhados. Os megaeventos esportivos, os megashows, e as megaexposições são eventos promotores de verdadeiras catarses coletivas.

Por meio de sua participação em eventos, o homem moderno aprende e reaprende a ter emoções, desenvolve o seu senso crítico, aprimora suas visões, preza a liberdade e adquire maior sensibilidade. E, com isso, aprimora a sua vida emotiva e social, transpondo as fronteiras estreitas das emoções do erotismo, da sensualidade e das aventuras amorosas, além dos transes religiosos. Por outro lado, o evento surge como um novo campo experimental, com novas oportunidades de criação e recriação de temas, aumentando os espaços de criatividade para leigos e profissionais.

Os problemas e desafios da vida moderna são representados, analisados e debatidos por meio de eventos que utilizam diferentes estéticas e linguagens.

Participando de eventos, as pessoas educam seus sentidos, aprimoram seu olhar, adquirem uma nova visão do mundo, absorvem novos conhecimentos e vivem novas experiências. Enfim, ultrapassam os limites da vida particular.

Evento é diversão

"O que é diversão? É sair de si. Saindo de si, você se coloca na pele do outro e, dessa maneira, vive a vida, a experiência, a aventura do outro. Divertir é o exercício da alteridade"[2].

Com essas palavras, o historiador e escritor Joel Rufino definiu o conceito de diversão e demonstrou a sua relevância nos dias atuais.

Diversão não é só entretenimento e lazer – a visão tradicional do divertir-se. É muito mais do que o simples divertir-se. É descobrir-se, conhecer-se melhor, praticar a alteridade, adquirir experiência, realizar novas aprendizagens, "viver a aventura do outro".

Portanto, podemos falar de uma ação de diversão e de um estado de diversão. O ato de divertir-se não é isolado. É possível divertir-se comprando, estudando, trabalhando, pesquisando.

Daí a importância cada vez maior do entretenimento nos dias atuais. O presidente da Point of Purchase Advertising Institute (Popai-Brasil), Gilberto Strunck, afirmou que "o entretenimento nos pontos de venda ganhará importância tal que, em um futuro próximo, as lojas cobrarão entrada do consumidor que for ao local se divertir".

"Os estabelecimentos comerciais não podem mais ser monótonos. Depois da diversão, o cliente compra", concluiu Strunck[3].

A diversão é, portanto, um fator de compra. A sinergia diversão/entretenimento e negócios é cada vez maior e mais necessária para as empresas que desejam vender mais e conquistar mais clientes.

Essa nova tendência de diversão como fator impulsionador de negócios é que torna, nos dias atuais, o marketing de eventos a modalidade de marketing promocional de maior crescimento.

A criatividade em eventos como arte do entretenimento

Clegg e Birch (2000: 6) falam de diversos tipos de criatividade: "a criatividade artística (a produção de um livro ou quadro ou a composição de uma música), a criatividade da descoberta (descobertas, invenções) e a criatividade humorística". Para eles, criatividade nos negócios é uma fusão dos três tipos.

A criatividade em eventos é uma modalidade de "criatividade artística". Isso significa dizer que a pessoa que cria eventos é fundamentalmente um artista. E qual é a sua arte? É a arte mais abrangente de todas – a arte do entretenimento.

Um evento, independentemente de sua natureza e seus propósitos, é um meio de entretenimento. O que varia, de evento para evento, são os recursos estratégicos utilizados para unir entretenimento a esporte, no caso de eventos esportivos, entretenimento-artes, no caso de eventos artísticos, entretenimento-atividades sociais, no caso de eventos sociais, entretenimento-política, no caso de eventos de mobilização política, e assim sucessivamente.

Mas os eventos também podem utilizar os demais tipos de criatividade: as criatividades da descoberta e humorística.

Os artistas que inventam novas técnicas utilizam a criatividade da descoberta em suas apresentações e as transformam em verdadeiros espetáculos. Isso ocorre quando a técnica se une à direção cênica do evento. Juntas, produzem um evento altamente criativo.

O humor é um elemento-chave da criatividade. Há espetáculos de teatro e dança que mostram o humor por meio de diálogos e personagens.

Como tema, o humor tem sido utilizado na criação de uma gama diversa de eventos: festivais e mostras de humor, concursos, prêmios, shows.

Duailibi & Simonsen (1971: 29) definem criatividade como "ato de dar existência a algo novo, único e original". E definem as duas formas de criatividade: a invenção e a descoberta.

"A *invenção* (ou *inovação*) é quando, pela associação de dois ou mais fatores aparentemente díspares, chega-se a um terceiro fator que tem parte dos anteriores, mas que, em relação a eles, é novo."

"*Descoberta* ocorre quando se percebe algo já existente e se verbaliza esta constatação, seja por meio de uma definição, seja por meio de uma equação ou fórmula matemática."

Gosto mais das definições de Herskovits (Melville J. Herskovits, *Man and his works: the science of cultural anthropology*), citadas por ambos: "*Descoberta* é o encontro acidental de algo que não se havia percebido anteriormente. *Invenção* é a criação deliberada de alguma coisa radicalmente nova".

Na área de eventos, o que é descoberta? O que é invenção?

A criação de inúmeros novos espaços de eventos, como shoppings, condomínios, estacionamentos, grandes avenidas, praças, praias, reservas ecológicas, é um caso típico de "criatividade por descoberta".

Por outro lado, o uso de imagens digitalizadas e virtuais em eventos, como parte da sua concepção cênica, é um exemplo de criatividade por invenção.

Mudanças e inovações de figurinos, cenários, iluminação, *mixing* de atividades, disposições do palco, uso de recursos pictóricos são também invenções em eventos. Em outras palavras, podemos dizer que "descoberta é a criação de novos usos e aplicações para algo que já existe. É quando se pensa em novas utilidades e valores para um objeto, ideia ou projeto".

A invenção é a descoberta de algo inteiramente novo. Nas artes, corresponde aos novos movimentos, e às concepções de eventos, de espetáculos de entretenimento e de artes, como veremos mais adiante.

Definindo o conceito de criatividade

Segundo Mirshawka e Mirshawka, "criatividade é a capacidade de dar origem a coisas novas e valiosas e, além disso, é a capacidade de encontrar novos e melhores modos para se fazer as coisas".

Ainda segundo os autores, isso implica diversas qualidades: "poder de fantasia que vá além da realidade, capacidade de descobrir relações entre as coisas, sensibilidade e força de percepção, certo grau de inquietude e anticonformismo, facilidade para imaginar hipóteses e audácia para empreender novos caminhos".

Para Mirshawka e Mirshawka (1993: 22), "o ato criativo implica três elementos: a pessoa criadora, o processo criativo e o objeto criado".

Ainda segundo Mirshawka, "a pessoa criativa é aquela que se move ao longo do tempo (pensa sobre o que acontecerá com seu trabalho), move-se por meio do espaço (está mentalmente em diversos lugares), sente as cores, materializa objetos (representa-os), tem sensações, experimenta coisas, escuta sons, emociona-se, faz o proibido e, sobretudo, faz nascer uma ideia". Concluem, afirmando que "a criatividade inclui dois aspectos essenciais: a produção de algo novo e que este algo novo seja valioso".

Analisando a questão do novo, os autores identificam três níveis de criação: criação intranscedente (quando o valor do que é criado é restrito), criação transcendente ao meio (quando o valor de algo criado é extensivo ao ambiente) e criação transcendente para a humanidade (quando o valor permanece na história).

Pode-se ser criativo de diversas formas. De acordo com Mirshawka e Mirshawka, pode-se inventar coisas novas e pode-se inventar novas maneiras de se fazer coisas que se está acostumado a fazer de algum modo (forma *versus* conteúdo), podem-se criar artefatos, objetos, produtos e podem ser criadas ideias, sistemas de gestão, estilos de vida, métodos, procedimentos, relações, atitudes, serviços (coisas tangíveis *versus* intangíveis), pode-se pensar a partir dos pontos previamente definidos ou sem um caminho já preestabelecido (pensamento convergente *versus* divergente lateral). E pode-se também criar eventos a partir de temas, ideias-base e conceitos.

Para Mirshawka e Mirshawka, são os seguintes os níveis de criatividade, os quais denominam de estágios do processo criativo ou níveis de interpretação da realidade: o primeiro estágio é o nível das ideias (cuja base são as mitologias, as teologias, filosofias, ciências puras e belas-artes), e no segundo estágio, "buscam-se produtos no mundo físico e na esfera social". Para os autores, é a base das ciências aplicadas, da política, da tecnologia e de muitas expressões artísticas".

Galvão (1992: 12) apresenta diversos conceitos de criatividade, dos quais destacamos os seguintes:

"A criatividade nasce de um impulso do id visando solucionar um conflito. O indivíduo criativo sabe afrouxar o ego fazendo com que os impulsos cheguem aos umbrais da consciência" (Freud).

"Criatividade é uma forma de loucura" (Platão).

"Criar é, basicamente, formar. É poder dar uma forma a algo novo. Em qualquer que seja o campo de atividade, trata-se, nesse novo, de novas coerências que se estabelecem na mente humana" (Fayga Ostrower).

Em eventos, promotores, gestores, diretores de arte, cenógrafos, regentes, autores e desportistas vivem o impulso da criação de diversas formas. Segundo a concepção freudiana, para solucionar um conflito. De acordo com Platão, como uma forma de loucura. E, na opinião da artista plástica Fayga Ostrower, dando novas formas a algo novo[4].

O pensamento lateral e divergente aplicado a eventos

Galvão (1992: 24) analisa o pensamento criativo em relação ao pensamento tradicional. Utiliza os conceitos de pensamento convergente e divergente. "Pode-se falar de pensamento convergente (que parte das informações já conhecidas e estabelece respostas predefinidas) e de pensamento divergente (que estabelece soluções e respostas aos estímulos de forma inovadora, com base na própria inspiração)".

Discorre também sobre a teoria de Edward de Bono: "apresenta dois tipos de pensamento: o pensamento vertical, em que se usam as informações de maneira ordenada, de forma seletiva analítica e sequencial; e o pensamento lateral, em que se usam as informações de maneira provocativa em busca da riqueza, dando saltos e criando novas direções a partir das incertezas".

De Bono (1984: 11) analisa o pensamento criativo com base no conceito de pensamento lateral e o diferencia do pensamento vertical. Define as principais características do pensamento lateral: "é gerador, gera a mudança de um conceito para outro, pois é de natureza conceptual, não reconhece uma solução adequada, sob novas abordagens e visões busca outras soluções, promove a inversão de padrões, é um meio de explorar e gerar ideias".

Vejamos alguns exemplos de como praticar o pensamento lateral na concepção e gestão de eventos.

De acordo com as regras do pensamento vertical, tradicional, convergente, o evento é uma sequência lógica de atividades, com início, meio e fim, e destinadas a um determinado público, com objetivos predeterminados. O que pode ser alterado nesse contexto?

Em primeiro lugar, a ideia de que o evento é uma sequência de atividades não é necessariamente verdadeira. Ele pode ser um evento virtual ou ainda um evento com uma estética de protesto, em que os atores viram de costas para o público ou apenas silenciam sem nada representar.

O público não necessariamente existe no evento. As próprias pessoas presentes ao evento podem ser os protagonistas e coadjuvantes do evento, a exemplo do Teatro do Oprimido.

O tema, o conceito e o enredo podem ser suprimidos, bem como o lócus do evento.

As atividades finais podem ser trazidas para o início – começar o evento pelo fim – ou vice-versa, de acordo com o figurino tradicional – começar pelo começo.

O papel do artista pode ser ambíguo. Ora cantor, ora ator, ora ambos.

As regras podem ser alteradas e criadas novas regras. Pode-se inverter a ordem dos movimentos dos atores – eles falam para si próprios e não para o público, andam para trás e não para a frente.

O tema pode ser tradicional, sendo modernas as técnicas de apresentação. A história total ou parcialmente alterada, ou melhor reinventada.

O cenário se sobrepõe à música e à dança, e não o contrário.

No pensamento vertical, tudo tem seu lugar certo, seu papel previamente definido e o *script* internalizado por todos. No pensamento lateral, vira-se o evento pelo avesso. Tudo é possível para transformar o evento em espetáculo.

Quanto à gestão, o evento pode ser autogerenciado e com recursos das empresas ou do terceiro setor.

A nova concepção de evento
como espaço de entretenimento

O que sempre foi uma feira de equipamentos náuticos – Rio Boat Show – ganhou criatividade e novo formato. Tornou-se uma feira de diversões, verdadeiramente um espaço de entretenimento.

Em sua versão 2000, Rio Boat Show reuniu 120 expositores, que alugaram estandes para expor e vender seus produtos, e ofereceu um elenco variado de diversões para o público.

Foram as seguintes as atrações:

a) aulas para crianças promovidas pela escolinha de Cíntia Knott, atleta campeã da classe Optimist;

b) aulas de mergulho submarino para maiores de 15 anos;

c) palestras sobre o setor náutico brasileiro (realização paralela do evento Encontro Náutico Brasileiro);

d) sessões de demonstração com a participação de velejadores experientes;

e) salão de diversão e lazer, com piscina de bolas, brinquedos e recreadores;

f) serviços de refeições e lanches oferecidos por restaurante.

Como uma feira de negócios, o evento atraía apenas um segmento: os velejadores profissionais, amadores e executivos e empresários do setor.

Em sua nova concepção como espaço de entretenimento, seu público aumentou consideravelmente – adultos, leigos, iniciantes e crianças.

Nesse novo formato, o Rio Boat Show ganhou mais mercado, público e maior visibilidade.

É bom lembrar que o primeiro passo para exercer a criatividade em eventos é adotar a concepção do evento como espaço de entretenimento.

E, para tal, indispensável se faz a criação de um elenco de atrações, capazes de atrair públicos diversos, como crianças, pré-adolescentes, adolescentes, adultos leigos e terceira idade, além de fãs e praticantes do esporte.

Os tipos de criatividade

Para De Bono (1985: 153) existem dois tipos de criatividade: a criatividade da inocência e a criatividade da fuga. O que diferencia ambos é o conhecimento das regras, diretrizes, procedimentos e processos.

Na criatividade da inocência, o processo criativo é livre, despojado, espontâneo, porque o agente criador desconhece totalmente as regras, diretrizes, procedimentos e processos que definem a atividade objeto da criação.

É um pensar livre de restrições, limites e impedimentos. Para o agente criador, o objeto de sua criação é novo, totalmente desconhecido.

Na criatividade da fuga, rompem-se os padrões vigentes. Ao assim proceder, o agente criador, que conhece as regras, diretrizes, procedimentos e processos procura ignorá-los deliberadamente.

Daí o conceito de "fuga", com o significado de rompimento dos padrões vigentes, "fuga do *modus operandi*" atual.

Como afirma De Bono, "é o abandono dos pontos de vista tradicionais na busca de novos conceitos e percepções".

Na área de eventos, há um predomínio da criatividade de fuga. Criadores e gestores de eventos rompem as barreiras do "realizar um show de música", "encenar uma peça de teatro", "promover um festival de dança", "uma mostra de cinema", "um festival gastronômico", "um jogo ou competição esportiva" e pensam sobre novas regras do *showbizz*.

Conceitos introdutórios

É quando os eventos esportivos, sociais, culturais, educacionais, e de negócios dão lugar a megaeventos de entretenimento, lazer e diversão.

Revendo padrões e ultrapassando os limites, os criadores de eventos ampliam o escopo das atividades dos eventos e lhes conferem uma nova natureza multifuncional, multifacetada ou setorial.

Por exemplo, uma feira de livros, como a Bienal Internacional do Livro, torna-se um "festival de cultura", com atividades diversas – venda e promoção de livros, cursos, palestras, oficinas e shows.

Um jogo de futebol ganha características de show de entretenimento com atrações diversas, do tipo concurso de torcidas, shows no intervalo, distribuição de brindes, música, fogos, adereços, luzes, chuva de confetes, cerimônias de premiação.

Há muito tempo os Jogos Olímpicos e a Copa do Mundo de futebol deixaram de ser somente eventos esportivos. Tornaram-se megaeventos de entretenimento, com atrações diversas para o público.

As tradicionais exposições de arte evoluíram para um conceito mais amplo de "festivais de arte", com a criação de espaços de arte, de lazer e entretenimento e de comercialização de produtos.

Os coreógrafos são os grandes transformadores dos eventos de arte. Suas inovações cênicas trouxeram mudanças para a concepção e o desenvolvimento de eventos. Incorporaram novos elementos, remodelaram cenários, criaram novos movimentos e promoveram uma grande sinergia entre os demais elementos formadores do evento: iluminação, música, performance, plateia.

Os diretores, roteiristas, músicos, atores e bailarinos inventaram novos temas, abordagens, conceitos, padrões e procedimentos. E todos juntos revolucionaram o mundo das artes e, sobretudo, o mundo dos eventos de arte.

Até mesmo as regras "imutáveis" das diversas modalidades esportivas sofreram mudanças. A começar pelo futebol e pelo vôlei, os esportes que mais evoluíram nesse sentido.

A ideia do "gol de ouro", "a morte súbita", como ocorreu na final da Eurocopa 2000, entre as seleções da França e da Itália, deu um *grand finale* ao evento.

De Bono enfatiza este tipo de criatividade – a criatividade da fuga – porque a considera um campo fértil para a aplicação do "pensamento lateral".

Por meio da prática do pensamento lateral, o agente criador enfatiza o "valor da fuga", por meio da "adoção de uma perspectiva diferente ou recua de modo a olhar as coisas de certa distância".

A seguir, apresentamos os novos parâmetros que devem nortear a prática do pensamento lateral e a adoção da criatividade de fuga em eventos.

DE	PARA
eventos funcionais	eventos multifuncionais/multifacetados
eventos especializados	eventos multiespecializados
eventos setoriais	eventos temáticos
eventos reais	eventos reais e virtuais
eventos convencionais	eventos interativos
eventos tradicionais	eventos experimentais

A evolução exposta demonstra a quebra de padrões, o pensar criativo em eventos.

Os eventos funcionais – eventos esportivos, sociais, culturais, educacionais, ecológicos – dão lugar aos eventos multifuncionais ou multifacetados – eventos esportivos com atividades e eventos sociais, culturais, educacionais; eventos culturais e eventos educacionais, juntos num único evento. E assim sucessivamente. Neste caso, prevalece o conceito de "*mixing* de atividades".

Os eventos especializados, como feiras de livros e de negócios, abrem novos espaços para outros setores, como entretenimento, música, esportes. E fazem do evento especializado, um evento multiespecializado.

Os eventos setoriais – as exposições de arte – modulam-se e tornam-se eventos temáticos.

Os eventos cedem espaço para atividades virtualizadas e, com isso, ampliam a sua audiência por meio do acesso via internet.

A interatividade e o experimentalismo criam novas opções de entretenimento para o público dos eventos.

As suas versões convencional – o público é espectador passivo – e tradicional – a performance é exclusiva do artista – cedem lugar às versões interativas e experimentais, nas quais o público é parte do evento ao interagir com os protagonistas do evento e também produz arte, ao manipular objetos e participar do cenário.

A fuga dos padrões: a base da criatividade em eventos

Criatividade é a arte de fugir de velhos padrões e quebrá-los com imaginação. Para De Bono, um padrão é assim definido: "Quando qualquer estado é preferencialmente seguido por outro estado, isso é um padrão". Padrão é algo já conhecido, repetitivo, que alimenta a expectativa, conclui De Bono.

Tudo que for predeterminado segue padrões. São sequências que envolvem regras, procedimentos e processos.

Criar eventos e gerenciá-los com base em padrões estabelecidos é o caminho mais curto para o insucesso. Ao contrário, um evento de sucesso não segue padrões rígidos, mas cria novos padrões.

Uma peça de teatro, um show de música, um espetáculo de dança, uma exposição de arte ou até mesmo uma competição esportiva devem mostrar ao público novos padrões de estética, formados de cenário, movimentos, cores, imagens e iluminação que constituem algo incomum.

O espetáculo *Aquilo de que somos feitos*, dirigido pela bailarina Lia Rodrigues, fez um enorme sucesso, quando apresentado em julho, no espaço cultural Sérgio Porto, no Rio de Janeiro.

Lia Rodrigues inovou em termos de estética da nudez. Em vez de apresentar o corpo nu, em suas formas originais, explorando o corpo em todos os sentidos, Lia criou um novo padrão de apresentação do nu artístico. Os corpos nus de seus bailarinos reproduziram verdadeiras esculturas humanas[5].

Outra novidade do espetáculo, foi o lócus de apresentação que não era mais o palco, como local tradicional, mas o chão, com a plateia ao redor, onde os bailarinos nus reproduzem esculturas humanas para o público.

Em certos momentos do espetáculo, o público mistura-se aos bailarinos e participa diretamente do evento. Ao fazê-lo, Lia foge dos padrões convencionais de apresentação no palco italiano e da forma centralizada de exibição, centrada nos bailarinos.

Em oposição ao convencionalismo do palco e da apresentação centralizada, o espetáculo quebra os padrões comuns e introduz novos padrões: apresentação no chão, com o público, e apresentação descentralizada, por meio da qual o público é também protagonista do espetáculo.

O que é afinal criatividade em eventos?

Criatividade em eventos é um processo de pensar sobre novas formas de diversão para o público. Tendo como princípio básico o de oferecer diversão, a criatividade em eventos principia com uma reflexão sobre as "áreas de atenção". Estas correspondem aos diferentes aspectos do processo de diversão, que inclui entretenimento, lazer, esporte, cultura, artes em geral.

A busca de ideias começa com a escolha das áreas de atenção. Se a área escolhida é a cultura, deve-se pensar: como gerar diversão por meio das atividades culturais? Se for esporte, como divertir por meio do esporte? Ou da educação? Ou ainda dos negócios?

As respostas a tais perguntas nos remetem a uma nova dimensão temática: a cultura-diversão, o esporte-diversão, a arte-diversão, o cinema-diversão, o teatro-diversão, a dança-diversão, a educação-diversão e negócios-diversão.

Se pensarmos que tais áreas podem ser combinadas entre si, temos novas áreas de atenção: esporte-cultura-diversão ou, simplesmente, diversão por meio de ações esportivas e culturais realizadas conjuntamente. Ao fazê-lo, estamos utilizando o conceito de rotação da atenção. É uma estratégia de expansão das áreas de atenção.

A combinação das áreas de atenção pode ser feita com diversas áreas, como esporte-cultura-negócios-educação. Ou apenas negócio-educação.

A diversão é o elemento dominante nesse processo de aglutinação de áreas de atenção, pois, ao introduzir o elemento "diversão", estamos agregando valor ao cliente, oferecendo-lhe a utilidade mais nobre e necessária nos dias de hoje: a opção do entretenimento.

Por meio do entretenimento, tudo se faz na sociedade atual. Faz-se negócio, compram-se produtos, aprende-se, desenvolvem-se tecnologias inovadoras, educa-se, criam-se novos negócios, fazem-se parcerias etc.

Definidas as áreas de atenção e feitas as devidas mudanças de atenção, procede-se à definição dos pontos de entrada.

Por exemplo, escolhidas as áreas de esporte e cultura, e feita a rotação para esporte-cultura-diversão, como definir o ponto de entrada para conceber um evento criativo?

Em primeiro lugar, com a escolha do tema – por exemplo, a moda dos uniformes esportivos nas Olimpíadas de Sydney. Escolhido o tema, seguem-se as ações planejadas – a realização de um desfile, um concurso de fotos dos atletas nas lojas de Sydney, uma exposição de fotos premiadas.

De Bono, o criador desses conceitos (áreas de atenção, rotação das áreas de atenção, ponto de entrada), nos legou uma metodologia de pensar criativamente nossos eventos.

Notas

[1] Luis S. Krausz. "A síndrome crônica da pobreza emocional", *Gazeta Mercantil*, Caderno Fim de Semana, 15 e 16/7/00, p. 12.

[2] Joel Rufino dos Santos. "História: seu jeito de aula", *Jornal do Brasil*, Caderno Ideias, 1º/7/00, p. 6.

[3] Idem, p. 6.

[4] Marcelo Galvão. *Mente criativa*, Rio de Janeiro: Quality Mark, 1992, p. 12.

[5] "Bailarina transforma dança em esculturas humanas", *Jornal do Commercio*, 10/7/00, p. A-30.

O evento como espaço criativo

O maior desfile de todos os tempos: uma mistura de criatividade, competência e coragem

Quando a escola de samba Beija-Flor apresentou o seu enredo *Ratos e urubus, larguem minha fantasia*, no Carnaval de 1989, acontecia o maior desfile da história do sambódromo. Um evento de sucesso.

Por obra do destino, a escola sagrou-se vice-campeã naquele ano. Contudo, seu carnavalesco, Joãosinho Trinta, entrou para a história do samba brasileiro.

A sua criatividade e ousadia contagiaram o público, a mídia e a *intelligentzia*. Com a ideia-dominante (tema), a miséria, Joãosinho Trinta deu um show de originalidade, luxo e fantasia, ritmo e alegorias.

Fez da proibição da Igreja o destaque da escola – um carro alegórico com figurantes fantasiados de mendigos e a imagem de Cristo coberta por um pano, com os seguintes dizeres: "mesmo proibido olhai por nós".

O que poderia ser visto como o fator de amarração ou de restrição da liberdade de criação do carnavalesco (a proibição de expor a imagem de Cristo crucificado como destaque) tornou-se o fator dominante do espetáculo.

Joãosinho Trinta, sem conhecer as técnicas de criatividade de Edward De Bono, utilizou-as de forma intuitiva.

Diante da proibição, buscou novas alternativas, sem, no entanto, abandonar a ideia original – a miséria. Ao encobrir o objeto da polêmica, promoveu a atenção de todos e conseguiu seu objetivo. Expôs a miséria num evento conceitualmente de exaltação, como o Carnaval.

É neste aspecto que reside a sua criatividade. Trouxe à tona a dicotomia miséria-opressão e exaltou a pobreza, o abandono, a exclusão social e fez da festa do Carnaval uma verdadeira orgia dos oprimidos, miseráveis, esquecidos e marginais.

Não dispondo da sua melhor imagem – o Cristo crucificado – buscou novas alternativas e reviu pressuposições. Cobrindo a imagem com um pano, mostrou-a melhor e tornou-a mais visível com a mensagem escrita no pano que a cobria.

Driblando as restrições impostas pela Igreja, Joãosinho Trinta não impediu a livre expressão de sua ideia e seu objetivo: expor as mazelas do mundo atual e chamar a atenção do público para as injustiças sociais.

Mesmo não recebendo o título de campeã, sua escola produziu um evento memorável. A razão do seu sucesso é decorrente de três fatores: criatividade, competência e coragem.

Criatividade, pelo tema escolhido e pela maneira como demonstrou na passarela suas ideias e pela forma de buscar novas alternativas de exibição do que lhe fora negado. Competência, em saber fazer todas as mudanças previstas. E coragem de ousar levando para o Carnaval um tema tão polêmico e de uma forma controvertida e pouco ou nada usual.

A reflexão inicial:
como, onde e por que conferir valor estético?

Participar de um evento de sucesso é usufruir algo com elevado valor estético. Isto significa experimentar sensações, viver emoções, sentir-se livre e curtir o clima do evento.

Na ocorrência de tal fato o evento adquire elevado *recall* entre o público. Muito tempo após a sua realização, ainda é lembrado pelo público. Quem não se lembra das lágrimas do ursinho Misha no final das Olimpíadas de Moscou? Ou dos momentos sublimes de Barcelona e do concerto dos três tenores na Copa do Mundo da Itália? Foram momentos de grande valor estético na história dos eventos esportivos.

As redes de televisão, ao transmitirem os jogos, exploram as imagens das torcidas, dos principais lances e das comemorações dos gols.

Assim, conferem alto valor estético aos eventos, o que satisfaz plenamente os telespectadores. Nos eventos de música e de dança, o valor estético é produto da performance dos músicos e dos bailarinos.

Para os coreógrafos, o destaque em termos de valor estético é o cenário – o som, os movimentos dos bailarinos, a linguagem, as cores, o vestuário e o palco.

As torcidas organizadas criadas pelo Banco do Brasil tornaram-se elementos de elevado valor estético nas competições esportivas, assim como as vestimentas e cantos dos torcedores africanos e a *ola* mexicana nos estádios de futebol.

Os shows de música geralmente contêm elementos de alto valor estético que produzem grandes efeitos para a plateia – as imagens de telão, a fumaça no palco, os gestos alucinógenos e as roupas extravagantes dos músicos.

Pensar criativamente o evento é conferir-lhe um elevado valor estético. E como fazê-lo? Por meio das seguintes estratégias de agregação de valor estético ao evento:

a) espetacularização do evento com a criação de enormes cenários, à exemplo do que ocorreu com a Mostra do Redescobrimento, e que vem ocorrendo com os megaeventos esportivos por meio da construção de estádios modernos e amplos;

b) manipulação das peças pelo público, como nas exposições de Lygia Clark e de Amélia Toledo, nas quais os visitantes manipulam as obras de arte e reconstroem objetos a partir de suas próprias experiências sensoriais;

c) uso de recursos criativos por meio de modernas técnicas de iluminação, projeção de vídeos e imagens e de montagem de espaços e cenários com materiais e objetos diversos;

d) divisão de ambientes por meio de módulos, unidades temáticas, salas especiais e corredores de luz;

e) uso de planos diversos para permitir aos visitantes a melhor visualização do palco e das obras de arte em exposição.

Tais estratégias buscam o embelezamento do evento e a potencialização do seu valor estético, causando maior impacto entre o público.

Mas jamais devemos nos esquecer da importância da ideia-base e da temática do evento, que são fundamentais para o seu sucesso. De pouco vale uma estética superior se o evento não for capaz de passar com clareza e objetividade o conceito desejado para o público.

Os valores e atividades do evento como espaço criativo

A criatividade, como técnica de aprendizagem e inovação, exige um campo de atuação. Para que ideias criativas surjam em nossa mente, é necessário um mínimo de foco e de aplicabilidade.

O ponto de partida é o "campo de interesse" do agente do processo criativo.

Se o seu campo de interesse é a estética, a beleza, o movimento, estamos falando de arte; se, ao contrário, predomina como interesse a *utilidade* de novos produtos e serviços, o foco é a *tecnologia*.

E, se o campo de interesse são o *entretenimento* e a *diversão*, em seu sentido mais amplo, envolvendo atividades sociais, culturais, esportivas e ecológicas, estamos entrando na área da *criatividade em eventos*.

Portanto, tudo começa com a identificação do campo de interesse. Definido o seu foco principal – arte, tecnologia, entretenimento/diversão ou, se quisermos especificidade ainda maior, esporte, cultura, social ou ecologia.

Podemos restringir cada vez mais o foco do campo de interesses. Por exemplo, no caso do esporte, pode ser esporte de massa, esportes radicais, esporte em ascensão, esportes da natureza.

Sendo esportes de massa, o interesse pode convergir para o futebol. Se é turismo, pode ser de negócios, ecoturismo ou ainda de eventos.

De acordo com o gráfico a seguir, o processo de definição do campo de interesse segue etapas sucessivas de ajuste do foco por meio do qual o objeto de estudo escolhido é segmentado, partindo-se de um nível de maior generalidade e amplitude (menor ajuste de foco), para um nível de maior especificidade (maior ajuste de foco), ou seja do estágio 1 para o estágio 5.

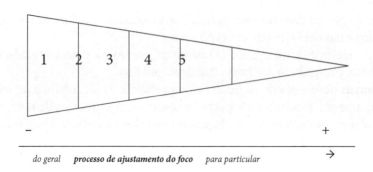

do geral   **processo de ajustamento do foco**   *para particular*

Em seguida à identificação do campo de interesse, procede-se à análise deste campo. Essa análise consiste na definição dos valores e atividades correspondentes ao campo de interesse escolhido.

Mirshawka e Mirshawka (1993: 41) apresentam os principais campos de interesse e seus respectivos valores e atividades.

O evento como espaço criativo

Campo	Valor	Atividades
Ciências	Verdade	Descobrir, experimentar, interpretar e expressar objetivamente
Artes	Beleza	Perceber de forma sensível, sentir, reagir com empatia, expressar de forma bela
Tecnologia	Utilidade	Combinar, aplicar, construir, adaptar, explorar
Relações humanas: política, educação, esporte	Bondade (respeito, justiça, saúde, desenvolvimento pessoal)	Dominar, motivar, repartir ajudar, coordenar, servir, ensinar

Como o nosso objeto de estudos é *eventos* demonstramos a seguir o quadro de *valores* e *atividades* representativos deste campo de atuação.

Campo	Valor	Atividades
Eventos	Diversão Entretenimento	Imaginar Fantasiar Ousar Perceber Descobrir relações

No campo de eventos, os valores básicos são "diversão e entretenimento". Dependendo do tipo e da natureza do evento escolhido (social, cultural, ecológico, esportivo, de negócio, científico etc.), outros valores podem ser acrescidos, com base na especificidade do tema do evento.

Por exemplo, no caso de um evento de artes e, mais especificamente, de dança, são importantes valores como linguagem cênica, imagens, movimentos, musicalidade, leveza, equilíbrio e outros.

No esporte, prevalecem os valores de desempenho, saúde, energia. Nos eventos sociais, destacam-se valores como solidariedade, sociabilidade, cidadania. Nos eventos de negócios, são priorizados valores como compra e venda, divulgação, parcerias.

Dentre as principais atividades que devem integrar o processo criativo de eventos, podemos citar: imaginar, fantasiar, ousar, perceber e descobrir relações.

A busca do equilíbrio entre densidade de conteúdo e densidade do ambiente expositivo é o desafio da criatividade em eventos de arte.

Os organizadores do evento criam um espaço lúdico a partir de uma ideia-base e de um tema que juntos constituem o conceito a ser passado para as pessoas.

A busca do conceito e a capacidade de utilizá-lo como instrumento de educação do público é o maior desafio dos eventos de arte dos dias de hoje.

O que muitos criticam, em especial museólogos e críticos de arte mais ortodoxos, é a concepção dominante da museografia pensada como cenografia.

De acordo com essa concepção, as exposições de arte tornam-se eventos com cenários grandiosos e de pouca densidade conceitual.

A arte perde significado ao tornar-se apenas um dos elementos da exposição da qual a peça-chave é o cenário.

Agnaldo Farias, curador do Museu de Arte Moderna do Rio de Janeiro, não poupa críticas a essa mais nova concepção de eventos de arte, a qual denomina de "a era das exposições espetaculares"[1].

Fruto de um marketing cultural imaturo que vê no público um alvo a ser seduzido e não educado, tal concepção tem várias disfunções na opinião de Farias:

a) a construção de cenários feéricos em detrimento da própria arte;
b) a obra de arte torna-se invisível no meio de tantas lojas, restaurantes e jardins;
c) o cenário construído impõe uma visão estranha que impede a visão da obra de arte em si;
d) perda de lastro conceitual que conduz a obra de arte a um rebaixamento e à perda de significado para o público;
e) enfraquecimento da arte em seu papel de libertação e de instância educativa.

O quadro a seguir apresenta as diferenças entre ambas as concepções dos eventos de arte: a concepção museográfica e a concepção cenográfica.

Concepção museográfica	Concepção cenográfica
o elemento dominante é a obra de arte	o elemento dominante é o cenário
o objetivo é projetar espaços ideais para o arranjo conveniente das obras de arte	o objetivo é projetar grandes espaços com base no ideário arquitetônico moderno
domínio da museografia	domínio da cenografia
busca a educação do público	busca a sedução do público
torna a arte visível	torna a arte invisível

As diferenças são evidentes. Na concepção museográfica, obra de arte é o elemento dominante. Tudo é feito para projetar espaços ideais visando a exposição plena da obra para torná-la visível ao público. E, ao proceder assim, educá-lo a partir da transmissão de um conceito.

Na concepção cenográfica, a obra de arte perde importância para o cenário. O objetivo é criar espaços artificiais, majestosos e capazes de seduzir o público. Consequentemente, a obra de arte perde visibilidade e densidade conceitual.

Os especialistas em marketing de eventos conhecem o potencial dos eventos como elementos promotores de marcas e produtos. Sob este aspecto, as megaexposições e seu feerismo atraem multidões e garantem alto retorno para os patrocinadores.

Exposições conceituais, sem recursos cenográficos atrativos, não seduzem o público tampouco produzem recordes de bilheteria.

O ideal, como afirma Farias, é o meio-termo: "realizar eventos de arte nos quais a densidade de conteúdo coincide com a densidade do ambiente expositivo".

Por que fazer do evento um espetáculo?

Os efeitos perversos da globalização, como a pobreza, a miséria, a violência e o desemprego, são responsáveis pelo surgimento de uma nova onda romântica e de um espírito bucólico entre as pessoas.

Diante das ameaças de exclusão social, as pessoas buscam um "idílio bucólico", "um êxtase estético e vivencial", que os afastem do espectro da globalização perversa – o lado ruim da nova economia dos *bits*, *bugs* e pontos com.

É neste contexto que os eventos emergem como verdadeiras "fábricas de espetáculos para o público", campos de novas experiências estéticas, experimentais e vivenciais, capazes de sublimar os horrores econômicos, políticos, sociais e culturais da nossa época.

O evento-espetáculo é o principal veículo de fuga para esse novo mundo de imagem e fantasia tão necessário à sobrevivência física e espiritual do ser humano globalizado.

Portanto, os eventos, sobretudo os de artes, são os veículos de contato com esse novo mundo, imagístico, fictício, idílico e bucólico, proporcionado pelos seus cenários, protagonistas e atmosfera.

O fascínio dos eventos está no desempenho dos atores que revelam leveza, serenidade, imaginação, energia, determinação e, principalmente, na criatividade dos cenários, dos figurinos, dos movimentos, da música ambiente e das reações do público presente.

Tais elementos produzem sensações de alumbramento, êxtase, fuga, retiro e comunhão. É o que as pessoas almejam diante de uma vida, para a grande maioria, sem esperanças ou com poucas expectativas.

Quais são, portanto, as características de um evento-espetáculo? Podemos enumerá-las a seguir:

a) plasticidade por meio da beleza do cenário, natural, real, construído por meio da montagem de um palco;

b) clima de intensa emoção;

c) satisfação das necessidades de alumbramento, êxtase, fuga, retiro e comunhão dos seus participantes;

d) atmosfera idílica, bucólica e de liberdade e descontração;

e) estética própria que se traduz na beleza dos movimentos, do cenário, da música ambiente, do clima e da atmosfera reinantes.

Os eventos-espetáculos excedem os padrões de beleza das pessoas e as expectativas de todos.

São exemplos de eventos-espetáculos as cerimônias de abertura e encerramento dos Jogos Olímpicos, os espetáculos de fogos de artifício nas comemorações de *Réveillon*, as exposições de artes e apresentações de música, teatro e dança, as festas de tradições folclóricas, as grandes finais esportivas, os grandes desafios (maratonas, ralis, regatas ao redor do mundo), as grandes bienais, os grandes festivais de teatro, música, dança e de artes em geral, como também os eventos sociais de grande mobilização popular. São espetáculos de grande impacto estético e emocional, um verdadeiro encontro fatal com um novo mundo da contemplação, idílico, bucólico e estético.

Com o advento das novas tecnologias, a dimensão do espetáculo ganha uma nova versão em "tecnicolor" e também virtual.

Quando o evento-espetáculo envolve atores e protagonistas, sejam eles músicos, intérpretes, atores teatrais, atletas, figurantes, ele ganha "ingredientes humanizantes". O seu desempenho é parte importante desse grande espetáculo.

Pensar criativamente um evento qualquer é, sobretudo, analisar as suas dimensões de espetáculo. O que fazer para torná-lo um evento-espetáculo? Como produzir plasticidade? Como criar um clima de intensa emoção? Como satisfazer as necessidades de alumbramento, êxtase, fuga, retiro e comunhão das pessoas?

Como criar uma atmosfera propícia? Como apresentar uma estética própria? Como criar novas versões em "tecnicolor" e virtual? E, finalmente, como introduzir ingredientes humanizantes?

O evento como espetáculo

Ser criativo em eventos significa transformá-los em grandes espetáculos para o público.

O segredo é "fazer do evento um espetáculo capaz de proporcionar um prazer paralelo ou complementar".

Todo esforço criativo na concepção e na condução de um evento de qualquer natureza deve ter como ponto de partida as respostas para uma única pergunta: o que proporciona prazer paralelo e complementar ao público presente ao evento?

As respostas estão nos fatores de sucesso de um evento, ou seja, as suas fontes de prazer enumeradas a seguir:

a) escolha do tema, da ideia central e a sua transposição para a cena e o ambiente do evento;
b) o virtuosismo e o desempenho dos atores do espetáculo;
c) a agregação de novos elementos e a combinação desses elementos;
d) a criação de momentos memoráveis;
e) a finalização empolgante.

O tema constitui a ideia central do evento. É a sua ideia-força, o seu principal núcleo de criação. Dele surgem todas as demais ideias suplementares que dão vida, empolgação, ousadia ao evento.

Há temas atuais, como o mundo virtual, a economia digital, os quinhentos anos do Descobrimento do Brasil e tudo o que for considerado moderno, pós-moderno, futurista, atual e contemporâneo.

Mas não basta escolher o tema capaz de atrair a atenção do público. É preciso saber transportá-lo para a cena e o ambiente do evento.

É neste aspecto que reside a força e a importância do palco e do cenário nos eventos de dança (ou seja, a força da coreografia como principal fonte criadora dos espetáculos de dança), a arquitetura dos estádios e ginásios esportivos e a coreografia das torcidas nos eventos esportivos, a majestade do palco, os movimentos e as vestimentas dos atores e bailarinos nos eventos de teatro e musicais.

O virtuosismo e o desempenho dos atores constituem um outro fator-chave do evento como espetáculo. Nos eventos de teatro, dança, esporte e música, a performance dos atores, bailarinos, atletas e músicos é vital para o sucesso do espetáculo.

Na dança, os movimentos dos bailarinos – a sequência dos movimentos, a sua leveza ou a sua força e vigor, os movimentos alternados, a sincronia dos movimentos de todos os bailarinos – são mais importantes.

No teatro, o sucesso depende da fala e dos gestos dos atores. No esporte, são as jogadas ensaiadas, o talento individual nas jogadas que criam finalizações inesperadas que se traduzem em gols, pontos, recordes. Na música, é a melodia, o tom, o som que conduz os movimentos dos artistas e cria um ambiente de leveza, de grande entusiasmo e emoção.

Um evento compõe-se de diversos elementos: atores, música, coreografia, movimentos, promoções para o público, iluminação. A combinação perfeita desses elementos é vital para o espetáculo.

O que varia na verdade é a escolha dos elementos-chave como fatores determinantes na montagem do espetáculo. Neste caso, o que vale é a visão do mentor, do criador e do principal gestor do evento.

Por exemplo, em alguns espetáculos de dança, predomina a coreografia como elemento-chave. E, assim, todo o processo criativo gira em torno desse elemento. Dele emanam os movimentos dos bailarinos, o seu figurino, a dança, a música, a iluminação.

Em outros espetáculos, é a música o elemento-chave ou até mesmo o estilo de dança da companhia.

Nos eventos esportivos, quase sempre o elemento-chave é o jogo, a competição propriamente dita, com seus atletas, regras, árbitros e auxiliares. Mas não devemos negligenciar outros elementos, como a torcida, o placar, a publicidade estática. Nos eventos sociais, são os jogos e as brincadeiras.

Podem ser criados novos elementos. É o que denominamos de "agregação de novos elementos ao espetáculo". Um bom exemplo é a coreografia das torcidas patrocinadas por grandes empresas durante as competições esportivas.

Temos também os "momentos memoráveis". Qualquer evento deve presentear o público com esses momentos. Durante os eventos esportivos, eles surgem espontaneamente, fruto da virtuosidade dos atletas e das grandes jogadas de cada equipe. Na dança e no teatro, são os movimentos e gestos dos atores.

Há os momentos previsíveis, planejados com antecedência e que compõem o "*script* do espetáculo", e os momentos imprevisíveis, que decorrem da criatividade dos atores do evento.

Tais momentos devem ser registrados, festejados, comemorados pelo público, com alegorias (bandeiras, adereços, movimentos, música etc.). E, isto sim, planejado pelos organizadores do evento.

E, finalmente, o evento para ser um grande espetáculo deve ter uma "finalização empolgante".

Alguns eventos encerram-se com fogos, focos de iluminação, música ambiente e movimentos espontâneos, a exemplo do que é feito nas festas de encerramento das Olimpíadas – um momento de descontração, confraternização e solidariedade entre os atletas de vários países.

Os gritos de "bravo", os aplausos, os pedidos de "bis" das apresentações são exemplos de "finalizações empolgantes".

Nas competições esportivas, após o seu término entra em ação o "espetáculo da torcida". Em países de cultura esportiva cidadã, todos aplaudem e festejam juntos a beleza e a emoção do espetáculo, mesmo os torcedores do time perdedor.

A performance: a base do evento-espetáculo

Quando os nigerianos comemoraram o ouro olímpico, à sua maneira, com danças e gestos de origem tribal, introduziram um elemento de intensa criatividade no jogo final das Olimpíadas de Atlanta – a arte performática.

Antes restrita aos palcos dos teatros, a performance ganhou as ruas, os estádios, os ginásios e quaisquer espaços públicos, onde se realizam eventos.

Os principais estudiosos da arte performática, Turner, Grotowski e Eugênio Barba identificam a "interação como a principal característica da performance"[2]. "Na performance, o público é parte vital".

Há dois tipos de performance: a performance convencional, na qual o público mantém-se espectador passivo, sem interferências, e a performance inovadora, na qual o público interfere no espetáculo e dele faz parte diretamente. A *ola* mexicana é um bom exemplo de performance inovadora nos espetáculos esportivos.

A performance ocorre em diversos níveis: do nível mais elementar, por meio dos gestos mais banais do dia a dia (por exemplo, gestos para chamar o garçom, para pedir a conta, para cumprimentar pessoas, sinalizar para um táxi, ônibus etc.) até encenações de grupo durante um espetáculo e teatralizações de grandes *performers*, como os políticos.

Por exemplo, num evento do tipo "comício político", grandes *performers* são os políticos, com gestos e movimentos teatrais e suas falas demagógicas.

Em eventos de teatro, o grande *performer* pode ser o próprio público presente, que participa diretamente da peça teatral.

Nos eventos esportivos, sobretudo nos jogos de futebol, as comemorações dos gols são atos performáticos que fazem a beleza do espetáculo. Quem não se lembra do gesto de "ninar" de Bebeto ao comemorar seu gol na Copa dos Estados Unidos, em 1994, ou o famoso "soco no ar" de Pelé, nas comemorações dos seus melhores gols?

As torcidas africanas são ricas em artes performáticas nos estádios onde disputam as suas seleções nacionais. Dançam, cantam, com suas vestimentas típicas, festejam gols e celebram suas tradições durante o evento.

Para valorizar o evento, e transformá-lo num grande espetáculo, é necessário criar atos performáticos? Quais são esses atos? Como fazê-los?

Deve-se inicialmente identificar os possíveis atores performáticos do evento. A torcida, os atletas, os auxiliares, os artistas, o público.

Identificados os atores performáticos, procede-se à sua seleção, treinamento e motivação. Por exemplo, os torcedores presentes em um evento esportivo. Oferecendo-lhes adereços, camisetas, bonés, podemos influenciá-los na escolha de uma performance coletiva, antes, durante e depois do evento.

Às vezes, nem é preciso. Os próprios torcedores são criativos e fazem gesticulações e atos performáticos de grande impacto.

Por meio de concursos de fantasias, premiações de torcidas organizadas, podemos direcionar e estimular a criatividade performática dos torcedores. E também dos atletas, músicos e atores, que sabem da importância de suas performances para o seu marketing pessoal.

Na década de 1960, performances eram os símbolos das manifestações políticas, sociais e culturais. Atualmente, são vistas como expressões criativas de pessoas que querem divulgar sua arte.

E é essa visão ampla e difusa da arte que deve predominar na montagem de um evento. A arte do evento está em toda parte – nos atores, na direção, na coreografia, na iluminação, na música e, sobretudo, no público.

O vale-tudo criativo das artes

Quando falamos de eventos, estamos inseridos no mundo das artes. Artes com letras maiúsculas, com propósitos grandiosos e nobres, que contribuem para a formação cultural, o conhecimento técnico, o exercício da imaginação, o enriquecimento da vida espiritual, para o entretenimento, o lazer, a distração e a contemplação, além do aprendizado constante e a inspiração.

Evento é mais obra de arte do que oportunidade de fazer negócios. Com o surgimento do marketing de eventos, houve uma sinergia entre eventos e negócios.

Graças a essa sinergia aumentaram os investimentos privados no patrocínio de eventos. O evento criativo tornou-se um evento-espetáculo, que atrai público, mídia, investidores, o governo e o público em geral.

Se o evento é, acima de tudo, arte, faz-se necessário pensar no que está de fato ocorrendo no mundo das artes. Observamos grandes mudanças:

a) O conceito de arte total

Prevalece o conceito de arte total que significa a mistura de várias artes num único espetáculo. Por exemplo, um espetáculo de teatro comporta elementos de dança. Ao adotar recursos de dança, o evento teatral mistura teatro e dança e ganha novos elementos-chave (a música, os movimentos, a coreografia) que passam a integrar o espetáculo teatral.

Os eventos teatrais, nos quais antes predominava o texto, tornam-se mais criativos ao incorporarem a dança.

Um exemplo desse processo criativo envolvendo teatro-dança foi o espetáculo "Éonoé" que recriou a história de Noé, utilizando a manipulação de objetos e os recursos da dança e da expressão corporal com recursos de circo. Neste caso houve uma combinação das artes de representação teatral, de dança, de expressão corporal e de artes circenses.

Um outro exemplo de *arte total* é o balé flamenco, que tem na companhia Sara Baras um dos seus principais representantes nos dias atuais. As características do balé flamenco em si já encerram o conceito de arte total, pois envolvem elementos de música, canto e dança.

Suas apresentações compreendem uma narrativa, músicas flamencas variadas e diversos tipos de bailados.

A companhia tem um outro apelo inovador: é formada apenas de mulheres – o que confere mais leveza e sensualidade aos seus espetáculos. Maurice Béjart, um dos grandes nomes da dança do século xx, mistura teatro e dança nas apresentações do Béjart Ballet Lausanne.

b) A valorização dos espaços de artes

Os museus, como espaços privilegiados das artes, estão sendo reformados, e novos museus surgem em todo o mundo. Nos eua, há expansões e reformas em andamento no Museu de Arte Moderna em Nova York, na Galeria Nacional de Retratos do Smithsonian, em Washington, o Museu de Artes em Milwaukee, o Centro Getty, na Califórnia, e muitos outros. E um novo Museu Guggenheim deve surgir no East River, em Manhatan.

Na Europa, não é diferente. O Centro Pompidou, em Paris, e o Museu Britânico, em Londres, passaram por grandes reformas. Em Londres, foi construído um novo museu de arte do século xx, o Bankside Tate. Em Berlim, há um projeto para a construção de cinco novos museus, na ilha dos museus – um projeto de um bilhão de dólares. Mas a grande vedete é o Museu Guggenheim, em Bilbao.

Como espaços de arte, os museus e demais centros culturais ganham vitalidade e funcionalidade, com o aumento de seus acervos e do número de eventos que realizam, atraindo um número crescente de frequentadores. No Brasil, museus e centros culturais reformaram suas instalações e aumentaram seus acervos. Suas exposições bateram recordes de público nestes últimos anos.

c) A idealização das artes em escala gigantesca

As exposições de arte ganham em espetáculos, com a apresentação de painéis gigantes, salas especiais e reproduções de ambientes em grande escala. Um exemplo dessa tendência em nosso país é a Mostra do Redescobrimento, com suas instalações gigantescas.

Tal fenômeno tem influenciado enormemente a concepção de novos eventos que, para se adaptarem à grandiosidade dos novos espaços de artes, também ganham em escala. Tornam-se megaexposições e megamostras de arte.

d) A ênfase no marketing de eventos de arte

É o apogeu do marketing das exposições e das mostras de arte. Seus patrocinadores, juntamente com os governos locais, investem em campanhas publicitárias com forte apelo ao público e à mídia.

A força do marketing das artes atrai milhares de pessoas aos eventos. São megaexposições e mostras com média de cinquenta a oitenta mil visitantes por dia.

e) O renascimento de artistas do passado

Mestres da pintura, como os impressionistas, são temas de exposições em todo o mundo. E todas com sucesso de público e bilheteria. Até mesmo os clássicos fazem sucesso.

Em nosso país, musicais e montagem de peças de teatro sobre ídolos da música popular atraem grande público às casas de show e teatros. São exemplos as montagens "Acordes Celestinos", "Somos Irmãs" e "Dolores", em homenagens a Vicente Celestino, Linda e Dircinha Batista e Dolores Duran, respectivamente.

É um verdadeiro *revival* das décadas de 1950 e 1960. O público é transportado para aquela época e revive seus melhores momentos, que são raros nos dias de hoje. Eventos dessa natureza enquadram-se nessa "onda de nostalgia" e tornam-se grandes sucessos.

f) O crescimento do turismo das artes

Os espaços de artes tornaram-se pontos turísticos obrigatórios. Atraem turistas do mundo inteiro e fazem parte de roteiros turísticos.

Os pontos de atração para visitação são o projeto arquitetônico, o design interior (o Guggenheim de Bilbao é um bom exemplo), o acervo artístico, a atratividade e o marketing de seus eventos.

g) A divulgação das artes por meio da internet

Com o avanço tecnológico da "banda larga", as artes tornaram-se um produto de fácil e amplo consumo virtual. Imagens e som com boa qualidade são enviados e recebidos em tempo real para qualquer lugar do mundo.

A arte chega em forma digital ao seu consumidor onde quer que ele esteja. Com isso, cresceu a audiência virtual dos eventos de arte.

Em artigo publicado em jornal de grande circulação, o vice-presidente da Planet Sat High Speed Internet falou das mudanças culturais no século XXI provocadas pela internet: "A rede mundial representa para o artista a maior vitrine já inaugurada. Com a vantagem de tudo poder ser entregue digitalmente"[3].

O executivo desenha um mercado futuro para as artes digitais:

no lugar de materiais físicos como aço, bronze ou plástico, seriam utilizados "materiais digitais", como texturas tridimensionais que formariam sólidos, montados a partir de modelos definidos por computador. Então as obras seriam compradas pela internet, entregues pela internet e expostas na casa do comprador em telões digitais ou em uma coleção particular virtual que pode ser visitada por qualquer pessoa pela internet.[4]

Assim, a digitalização das artes vai certamente expandir o mercado, ampliar os seus espaços de exposição e democratizar o seu acesso.

Cada coleção particular virtual será um evento, na medida em que a sua visitação for liberada via internet. Neste caso, o espaço das artes amplia-se ainda mais, com o crescimento da sua dimensão virtual.

Além disso, os tradicionais espaços de artes, com seus sites, ganham maior público por meio da virtualização de seus eventos.

Tais mudanças constituem o atual "vale-tudo das artes". O denominador comum é a produção do espetáculo, que se baseia nos conceitos de arte-espetáculo, arte-entretenimento, arte-total, arte-produto e arte-virtual.

Seus ingredientes principais são os seguintes: combinação de várias artes num único espetáculo (a arte total), a emergência dos espaços das artes como "arenas de entretenimento", cujo ponto alto é a sua arquitetura, o seu design (a arte-entretenimento), o gigantismo das artes (a arte-espetáculo), o marketing acentuado e agressivo das artes (a arte como produto), à volta ao passado (a arte-*revival*), o turismo das artes (a arte como fator de indução da indústria do turismo) e a digitalização da arte (a arte-virtual).

No campo dos eventos de artes, as mudanças se refletem no desenvolvimento de megaeventos, eventos virtuais, eventos temáticos e na ênfase na estética, atmosfera e cenários dos eventos.

A mudança de paradigmas: de eventos de arte para eventos de entretenimento – o caso do Festival de Salzburgo

O diretor de cinema Howard Hawks não se considerava um fazedor de arte, mas de divertimento. Fritz Lang, outro diretor, se via como um artista.

O que difere as duas concepções? Um fazedor de divertimento e um fazedor de arte. O mesmo ocorre com a criação de eventos. Ao criar um evento, têm-se dois caminhos distintos: a concepção do evento como entretenimento (divertimento) e a concepção do evento como arte.

O evento como entretenimento visa proporcionar diversão ao público presente, com o foco no mercado – "no consumo intenso e rápido, que se pague e dê lucro"[5].

Um exemplo dessa mudança de paradigma é o Festival de Salzburgo, na Áustria, o festival dos festivais da música erudita. De evento de arte, típico da era Karajan (maestro falecido em 1989), o festival sofreu grandes mudanças, conduzidas pelo seu novo diretor Gérard Mortier. E tornou-se um evento de entretenimento.

As mudanças foram diversas. Foram encomendadas obras a autores de vanguarda, foram feitas novas montagens com novos temas e personagens, muito próximos do público em geral.

O que antes era do gosto e preferências de um público restrito, ligado à cultura erudita, ganhou dimensão mais popular, ou menos clássica e erudita.

Enfim, o festival ganhou um novo público, mais numeroso, menos conservador, e ampliou seu mercado.

Tal fato atraiu novos patrocinadores. Empresas como Audi e Nestlé tornaram-se patrocinadores oficiais do evento. Com isso, mudou-se a composição orçamentária do evento, que antes era coberto quase integralmente pelo Estado – cerca de 90%. Atualmente, não passa de 20%.

Houve também uma globalização desses recursos, com a criação de associações dos amigos do festival em diversos países, inclusive na América do Sul, em particular na Argentina.

Uma outra grande renovação do festival foi a busca de novos personagens como temas de ópera, a marca registrada do evento. A preferência recai sobre os "personagens tumultuários da tradição moderna: os chamados anti-heróis"[6].

Mesmo quando escolhidos personagens clássicos, como Fausto de Goethe, estes são apresentados sob novas versões. Isto ocorreu com Don Giovanni, apresentado sob uma visão pós-moderna.

Os cenários são contemporâneos, bem como os figurinos e as vestimentas dos atores. Roupas pesadas da época dão lugar a vestimentas leves e até a óculos de sol.

O experimentalismo e o vanguardismo dos eventos de arte

Umberto Eco (1985: 93) introduz o conceito de "autor experimental", que é aquele que age de forma inovadora em relação à tradição. E identifica algumas características deste experimentalismo criativo do artista: a busca da compreensão da obra, a busca do reconhecimento e a busca do consenso.

"O autor experimental ofende, mas, diria com objetivo pedagógico, para obter consenso"; "A experimentalidade do artista depende do quanto sua obra é compreensível"; "... o que caracteriza sociologicamente – se não textualmente – o autor experimental é o desejo de ser reconhecido."

A arte experimental "vale antes de mais nada como obra". A arte de vanguarda "joga com o grupo de obras ou de não obras".

Diferenciando ambos os conceitos, Eco (1985: 94) afirma que "o experimentalismo tende a uma provocação interna (...), enquanto a vanguarda tende a uma provocação externa". Ou seja, o experimentalismo foca os movimentos e instituições (provocação interna) existentes, e o vanguardismo à sociedade, como um todo (provocação externa).

O evento pode ser um sucesso por meio dos seguintes caminhos alternativos:

a) pelo seu experimentalismo, por meio da criação de um novo conceito, de uma nova abordagem ou visão;

b) pelo seu vanguardismo, por meio do seu poder de afronta às tradições vigentes;

Criatividade em eventos

c) pelo seu experimentalismo e vanguardismo, pela criação de algo novo no mundo das artes, do esporte e da cultura em geral, e pelo impacto gerado na sociedade e nas instituições sociais, culturais e artísticas.

A exposição de Bernar Venet, realizada em junho de 2000, no Museu de Arte Moderna, no Rio de Janeiro, pode ser utilizada como pretexto para a discussão em torno da arte experimental e do vanguardismo. Enquanto a primeira – arte experimental – é compreensível, obtém reconhecimento e gera consenso, a segunda – a arte de vanguarda – "são meros exemplos de poética".

O artista mistura esculturas com números e equações matemáticas. "A confusão das pessoas diante de minhas esculturas é o que espero realmente do espectador diante de meus trabalhos", afirma Venet.

Para o artista, "painéis repletos de números e equações matemáticas são elevados à condição de arte". Isto significa "um manifesto contra o estético, contra a expressão individual da personalidade". "Meu trabalho não se enquadra em tipo algum de análise do que há como movimento já estabelecido"[7].

Sendo incompreensível para o público, e não obtendo consenso e reconhecimento, o evento não se traduz numa exposição de arte experimental.

Ao criar uma poética própria – "a matemática por meio da arte" – o evento pode ser considerado de vanguarda.

São, portanto, duas criatividades distintas. A primeira, a criatividade experimental, que busca novos conceitos, significados, imagens e símbolos dentro de um quadro de referências estéticas. A segunda, a criatividade vanguardista, em que tudo pode, até mesmo, "manifestar-se contra a estética".

Os eventos alternativos: um espaço de criatividade a ser explorado

Os eventos alternativos, também denominados eventos independentes ou experimentais, têm características bem singulares. São realizados em locais adaptados, por exemplo galpões, lonas de circo, espaços livres.

A sua condição de alternativos nos coloca em oposição ou complemento aos eventos oficiais. São de porte menor, atraem um público jovem, alternativo, e buscam a criatividade a qualquer custo.

Os eventos alternativos são mais abertos, pois democratizam as apresentações facultando a sua inscrição a grupos musicais e artísticos em início de carreira e à margem do circuito oficial da música e das artes em geral.

O festival Porão do Rock pode ser considerado um evento alternativo. O seu local de realização é o Teatro de Lona da Barra e é aberto a novas bandas que desejam conquistar seus públicos.

É parte de um evento maior da gravadora EMI, do qual fazem parte, além do Porão do Rock, no Rio, o Abril Pro Rock, em Pernambuco, e o Dia D, no Espírito Santo.

Para Marcus Lyrio, da EMI, "os festivais oficiais, organizados em esquemas tradicionais, muitas vezes não têm a metade do profissionalismo dos independentes"[8].

Há quem visualize o evento alternativo como "evento paralelo". São dois tipos diferentes de eventos. O evento paralelo define sua natureza pelo *momentum* de sua realização. Ocorre paralelamente ao evento principal, tendo como *leitmotiv*, a mesma temática.

É o caso, por exemplo, dos eventos de artes que ocorrem simultaneamente aos Jogos Olímpicos e à Copa do Mundo de futebol. Na França 98, tivemos desfiles de Carnaval, exposições, shows, festivais. Em Sydney 2000, ocorreram diversos eventos paralelos. O objetivo é promover o evento maior e oferecer inúmeras opções de entretenimento para seus visitantes.

No entanto, o evento alternativo age como crítica e opção "inteligente" ao evento maior. O seu mote principal é: "somos menores, porém mais criativos".

No evento alternativo, a criatividade não tem limites. A começar pelas bandas participantes, como no Porão do Rock. Seus estilos vão do surf music ao pop rock.

As apresentações fogem do convencionalismo musical vigente. Seus membros são provocadores, adotam o estilo de confronto, de crítica aos padrões atuais e não se deixam moldar pela mídia e pelas grandes gravadoras.

A EMI, patrocinadora do evento, enxergou a potencialidade do nicho dos festivais independentes, alternativos. Com isso, já tem planos de lançar novos discos, com a presença dessas bandas alternativas.

As bandas alternativas têm seus públicos fiéis, pois em torno de cada um desses grupos musicais, surge uma legião de fãs leais.

Notas

[1] Agnaldo Farias. "Museografia arranhada", *Gazeta Mercantil*, Caderno Fim de Semana, 27 e 28/5/00, p. 19.

[2] Valéria Lamego. "Performances recicladas", *Jornal do Brasil*, Caderno B, 30/6/00, p. 4.

[3] "A internet como ferramenta do marketing cultural", *Gazeta Mercantil*, Caderno Fim de Semana, 8 e 9/4/00, p. 1.

[4] Idem, p. 1.

[5] José Onofre. "A pequena história de Hollywood", *Gazeta Mercantil*, Caderno Fim de Semana, 13 e 14/5/00, p. 15.

[6] "Faustos para todos os gostos e ocasiões", *Gazeta Mercantil*, Caderno Fim de Semana, 21 e 22/8/99, p. 11.

[7] Mônica Riani. "Obra à espera de um conceito", *Gazeta Mercantil*, Caderno RioCultura, 12/6/00, p. 2.

[8] Alfredo Boneff. "Porão musical de bons negócios", *Gazeta Mercantil*, Caderno RioCultura, 17 e 18/6/00, p. 4.

O processo criativo em eventos

A criatividade começa com a quebra de paradigmas e padrões. Pode ser uma nova visão dos problemas, a busca de novas associações, a crença em novas formas. O ato criativo é um pensar diferente. De Bono (1992: 52) definiu o "pensamento lateral" como uma nova forma de pensar:

> O pensamento lateral tem muito a ver com a percepção. No pensamento lateral nós procuramos propor diferentes visões. O pensamento lateral está ligado à exploração tanto quanto à percepção. O pensamento lateral preocupa-se muito com possibilidades e com o que poderia ser. O pensamento lateral preocupa-se diretamente com as mudanças de conceitos e percepções.

O pensar criativamente para De Bono é ter diferente visões, perceber sob diversos ângulos, explorar de diversas formas, pensar em novas possibilidades e mudar conceitos. A criatividade em eventos começa com as seguintes análises:

- O que é um evento? – do conceito do evento.
- Como deve ser visto um evento? – das visões do evento.
- Para que serve um evento? – dos objetivos do evento.
- Quais as formas que um evento pode ter? – das formas do evento.
- Quais as possibilidades de realização de um evento? – das possibilidades do evento.

É com a análise do conceito que se inicia o processo criativo de pensar e realizar eventos. O evento pode ser entendido como uma promessa de entretenimento, um fato importante, um acontecimento de destaque, momentos inesquecíveis ou simplesmente momentos de distração.

A natureza do evento condiciona o seu conceito, visão e entendimento. Por exemplo, um evento político é visto como uma ruptura, uma expectativa de grandes mudanças na sociedade. Um evento social, momento de confraternização, de comemorações e de exercício de solidariedade e cidadania. Um evento esportivo é visto por muitos como um jogo, uma competição que finaliza com vencedores e vencidos.

Assim, para os desportistas, evento é jogo, competição. Para os homens de negócios, eventos são oportunidades, compra e venda de produtos e serviços. Para os artistas, evento é espetáculo.

As diferentes visões de um evento são também determinadas pelos conceitos de evento. A visão do evento esportivo é condicionada pelo conceito de jogo-competição. O que significa dizer que um bom evento, ou seja, um bom jogo, é pleno de lances de gol, de jogadas brilhantes, a prevalecer tal visão e tal conceito.

Mas, para aqueles que vêm o esporte como espetáculo e não apenas como um simples jogo ou competição, um bom evento esportivo é repleto de atrações do tipo shows, sorteios, promoções diversas. Este é certamente o segredo de sucesso dos eventos da NBA – associação de basquete profissional dos EUA. Seus jogos não são apenas jogos, mas verdadeiros espetáculos.

As exposições realizadas em museus e centros de cultura sofreram grandes mudanças. Não são mais simples apresentações e exposições de acervos. Tornaram-se eventos: espetáculos culturais, com projeções de vídeos, debates e seminários, oficinas de arte, venda de *souvenirs* etc.

Portanto, o conceito de evento de arte do tipo exposições sofreu grandes transformações nesses últimos anos, bem como as suas diferentes visões. Tal fato tem gerado grandes transformações na administração de museus e centros de cultura.

E um evento para que serve? Promover entretenimento e lazer, ou seja, pura distração. Ou, além disso, informar, educar, conscientizar o público. Ou ainda, mobilizar, desenvolver o exercício da cidadania. Pode também relembrar fatos, comemorar feitos históricos, datas cívicas, festas religiosas, tradições, assim como divulgar trabalhos e realizações, como também promover o desenvolvimento da ciência e da tecnologia, da cultura e das artes.

E as formas de um evento? Hoje já temos eventos virtuais, que acontecem na internet. Ou partes de um evento são voltadas para uma audiência virtual. Milhares de pessoas visitam exposições em museus, compram brindes de eventos, participam de suas promoções, assistem suas apresentações, tudo pela internet.

Há eventos de grandes dimensões – os megaeventos – de média e pequenas proporções. Eventos globais, mundiais, nacionais, regionais e locais. Como também existem eventos do tipo circuito, *meeting*, desafio, maratonas, minimaratonas, gincanas, mostras, exposições e outros.

Finalmente, as possibilidades de realização de um evento, que podem variar em função do período, do local, da parceria com outras entidades e representantes da mídia, do tipo de público e da sua natureza.

Eventos funcionais (apenas dentro de uma única área funcional – por exemplo, eventos esportivos apenas de atividades esportivas, eventos culturais exclusivamente de atividades culturais) ou multifuncionais (reunindo atividades esportivas, culturais, sociais, ecológicas ou educacionais).

Quanto ao lócus de realização, o evento pode ser realizado sempre no mesmo local, ou ser itinerante em diferentes locais.

O quadro a seguir apresenta algumas "pistas e caminhos" para pensar criativamente os eventos:

Pontos de reflexão	Regras básicas
Conceito	Pense num novo conceito de evento
Visão	Mude a sua visão de evento Crie novas visões de evento
Objetivos	Formule novos objetivos
Formas	Pense em novas formas para seu evento
Possibilidades de realização	Defina novas possibilidades de realização do evento

A ordem é mudar, reformular. Mude o conceito, a visão, os objetivos, as formas e as possibilidades de realização do evento.

Quando pensar no conceito, faça-o associado à visão. Um evento criativo apresenta um tema novo, criativo, atividades diversificadas, ideias ousadas, seus objetivos transcendem o escopo das atividades propostas. Busca diversão, emoção, atratividade e alavancagem de novos negócios para seus investidores e parceiros. Pense no evento a partir do binômio *forma-conteúdo*. O formato do evento é a sua natureza, o seu caráter, real, virtual ou ambos e as características de suas atividades e operações, bem como o seu lócus de realização.

O conteúdo do evento reflete a sua ideia central, o seu conceito-base, a sua temática principal.

O ponto de entrada do evento

A exemplo do que ocorre com o olhar sobre uma obra de arte, o olhar do evento também possui uma entrada.

Quando olhamos uma pintura, por exemplo, o que vemos em primeiro lugar? Este é o ponto de entrada. Para os especialistas, a preferência é pelo canto superior esquerdo. Outros apontam o centro do quadro, ou ainda o canto superior direito. Há aqueles que indicam a visão do todo, como entrada inicial no universo criativo do artista.

Em eventos, o ponto de entrada é o primeiro contato visual. O que o público visualiza primeiramente no evento?

Em exposições de arte, pode ser uma grande escultura ou painel colocados do lado de fora do prédio onde se realiza o evento. Como também um objeto de arte situado logo à entrada, na sala central de exposição.

Num evento de balé, os primeiros movimentos, o cenário ou, ainda, a música. Num concerto, os primeiros acordes. Num evento esportivo, o espetáculo das torcidas, a entrada em campo das equipes, a beleza arquitetônica do estádio ou ginásio esportivo.

Analisemos o caso da exposição Brasil 500 Anos – Descobrimento e Colonização, realizada no Masp, em São Paulo, nos meses de março e abril de 2000.

O painel *O Inferno*, do século XVI, de pintor anônimo, foi escolhido como ponto de entrada da exposição e seu principal destaque. Foi escolhido porque "revela o imaginário ibérico em relação à cultura indígena do Novo Mundo. Há uma profusão de personagens exóticos".

Como contraponto à visão idealizada dos portugueses sobre o Brasil, retratada no painel *O Inferno*, foi instalado no mesmo ambiente, o quadro *Moema* de Vitor Meirelles, que revela a visão romântica do Brasil.

A exposição Warhol: coleção Mugrabi, realizada no Centro Cultural Banco do Brasil, no Rio de Janeiro, em outubro de 1999, tinha logo na entrada "sapatos de diversas cores, enfileirados".

É o ponto de entrada da exposição. A razão é simples: tais sapatos foram os primeiros produtos desenhados por Andy Warhol, quando tinha 21 anos, em 1949. Tornaram-se os primeiros símbolos de consumismo e glamour com os quais Warhol definiu sua arte.

A definição da ideia-base

A ideia-base de um evento compreende a maneira como é vista a situação que corresponde à criação do evento. No caso de eventos de dança, prevalece a ideia de espetáculo com ênfase nos movimentos dos bailarinos, na coreografia (cenário, iluminação, figurino) e na música.

Para De Bono (1992: 63), "uma ideia dominante organiza a abordagem de um problema ou situação, assim como uma pessoa dominante poderia organizar um grupo".

Corresponde ao *insight*, a maneira de perceber o problema ou situação. Ou seja, a abordagem dominante na análise de ambos.

No campo da dança, podemos observar o surgimento de um novo paradigma: a passagem da ênfase no movimento para a ênfase no trinômio movimento-imagem-linguagem.

Antes a ênfase era no movimento puro e simples e na musicalidade. Agora modernas companhias de dança, como o balé do teatro Castro Alves, "têm como concepção transformar em movimentos as formas que imagens podem ter por meio do vidro: reflexos, distorções, multiplicações e transformações"[2].

A ideia-base é, portanto, "dança por meio da reflexão e distorção de imagens", que é o tema central do espetáculo *Ponto vitral*, apresentado pelo grupo.

A partir desta ideia dominante inovadora, as apresentações do grupo são sucesso em todo o mundo, pois a criatividade na concepção das apresentações é tamanha, que para o público a performance de seus bailarinos constitui um grande espetáculo.

Analisemos agora os fatores de amarração, ou seja, as ideias pequenas. Utilizando, ainda como exemplo, os eventos de dança, podemos afirmar que o espetáculo compõe-se dos seguintes elementos: cenário, figurino, iluminação e música.

Tais elementos são os pontos de amarração do evento de dança. As ideias referentes a cada um desses elementos constituem o que De Bono denominou de "ideias-pequenas", ou ainda, pontos de amarração.

Uma ideia-dominante, segundo De Bono, constitui-se de um elenco de ideias - pequenas, que são os "fatores de amarração". Estes compreendem as partes que estão incluídas em qualquer solução ou abordagem de um problema em particular.

Os fatores de amarração (ideias-pequenas), embora insignificantes na totalidade da situação, "restringem a mobilidade", como afirma De Bono.

Exemplificando melhor, vamos utilizar as abordagens empregadas por duas companhias de dança, em seus eventos-espetáculos: o corpo de balé do teatro Castro Alves e o grupo Corpo.

Como vimos anteriormente, a ideia-dominante do grupo do teatro Castro Alves, é a "dança como reflexão e distorção de imagens". Para o grupo Corpo, as ideias-pequenas (pontos de amarração) são o cenário, o figurino, a iluminação e a música.

Unindo-se ambas às abordagens dos dois grupos num único espetáculo, teríamos o seguinte ideário de evento:

Ideia-dominante: dança como reflexão e distorção de imagens.

Ideias-pequenas: Cenário
Figurino
Iluminação
Música

Como as ideias-pequenas devem adequar-se à ideia-dominante, teríamos um evento com as seguintes características: o cenário constituído de vitrais, a iluminação com o foco nos reflexos dos movimentos dos bailarinos nos vitrais, bailarinos com vestimentas que favoreçam a reprodução de seus movimentos nos vitrais e música suave que rege os movimentos dos atores.

Todos os elementos – cenário, figurino, iluminação e música – devem estar em perfeita sintonia e interação, compondo um todo harmônico, uma apresentação que se caracteriza pela harmonia, coesão e força do conjunto.

Daí a denominação de tais ideias-pequenas como "pontos de amarração".

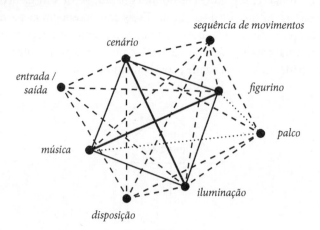

Podem ser acrescentadas outras ideias-pequenas ou pontos de amarração, tais como "sequência de movimentos", "o palco", "entrada e saída de bailarinos no palco", "a disposição dos bailarinos em duetos, trios e outras formas" etc.

Portanto, a criatividade do grupo apresenta-se em dois níveis distintos:

nível 1 { – da ideia-dominante
– das ideias-pequenas (pontos de amarração)

nível 2 { – do grupo
– dos atores isoladamente

No nível 1, o produto do processo criativo é o *tema do espetáculo* (*Ponto vitral*, do balé Castro Alves, e *Benguelê, sete ou oito peças para um ballet*, do grupo Corpo), o *estilo* do grupo e a *força criativa* do espetáculo.

Desses três elementos – tema, estilo e espetáculo – surge a atratividade dos eventos, que são as apresentações dos grupos para o grande público.

Quanto mais criativos forem a escolha do tema, a definição do estilo e a concepção integral do espetáculo, maior a atratividade do evento para o grande público.

O sucesso do evento depende fundamentalmente das respostas para as seguintes questões:
– O que o evento transmite para o público?
– O que o público sente ao ver e participar do evento?
– O resultado esperado é uma apresentação perfeita, um espetáculo para o público, ambos determinantes para o sucesso do evento e, sobretudo, da companhia de dança.

O sucesso do evento é determinado pelos seguintes fatores:
a) criação de um estilo de dança próprio da companhia;
b) geração de grande impacto visual;
c) sequência inusitada de movimentos e imagens;

Criatividade em eventos

d) sensações diversas (domínio, desembaraço, equilíbrio, leveza etc.) transmitidas ao público;

e) visibilidade da vitalidade e harmonia do grupo.

No caso do grupo Corpo, tais fatores são evidenciados a cada apresentação, cujos pontos fortes estão sintetizados nos enunciados a seguir:

"Todo o conjunto busca o *inusitado das sequências*".

"... estilo, chamado (...) de *desconstruído*, em razão da diluição dos passos clássicos – os movimentos ficaram mais *soltos*".

"... uma *sequência* que se vê seguidas vezes sem cansar".

"... enquanto o casal (de bailarinos) mostra um *"pas-de-deux" criativo e cheio de flexibilidade*, os outros bailarinos, de maneira suave, fazem *movimentos mais lentos e marcados*, alternando a ordem entre eles".

"Eles [os bailarinos] transmitem *domínio e desembaraço*"[3].

O nível 2 refere-se à criatividade do grupo como um todo e de cada um de seus participantes. Esta é a dimensão dos movimentos dos bailarinos: o uso do *"pas-de-deux* criativo e cheio de flexibilidade", os movimentos executados pela dupla ou pelo trio de bailarinos, a rotatividade e ousadia desses movimentos, a sincronia e as sequências.

Um evento criativo, no caso de espetáculos de dança, é portanto, uma apresentação que se caracteriza por uma ideia-dominante criativa, ideias-pequenas também criativas (cenário criativo, figurino, iluminação e música alegre) em perfeita sintonia e sinergia com a ideia-dominante escolhida, desempenho criativo dos bailarinos por meio de movimentos ousados, sensuais, alegres e que demonstram domínio e desembaraço.

A escolha criativa do tema

Não é à toa que o grupo Corpo é a mais famosa companhia de dança do país. A razão do seu sucesso está principalmente na feliz escolha (e, sobretudo, criativa) de seus temas de apresentação.

Um dos temas da companhia é Benguelê que representa o seguinte:

"Benguelê é uma palavra entendida aqui como uma fusão de Benguela, nome de uma região situada ao sudoeste de Angola, com o fonema 'lê', que em quimbundo quer dizer nostalgia: banzo, saudade – ou seja, saudade das terras livres e férteis do longínquo reino africano"[4].

Outro tema é Parabelo, "um trabalho com inspiração regional, em especial os ritos do sertão brasileiro"[5].

52

O processo criativo em eventos

São temas inovadores. De um lado "a saudade da terra", do outro, "a magia do sertão brasileiro", pleno de desafios, histórias, mitos, tradições e cultura original.

A criatividade temática da companhia desponta nos seguintes comentários:

"Nos temas abordados, o grupo não peca pela mesmice ou pelos lugares-comuns... Eles conseguem dosar influência e conceitos próprios"[6].

Em eventos do tipo espetáculos de dança, a criatividade já desponta na escolha do tema. Neste caso, temos diversas opções:

a) temas inovadores com tratamento elaborado;
b) temas inovadores com tratamento convencional;
c) temas usuais e batidos com tratamento elaborado;
d) temas usuais e batidos com tratamento convencional.

A pior opção é a última abordagem de temas usuais com tratamento convencional. Em tais casos prevalecem a mesmice e lugares-comuns, e a criatividade está totalmente ausente.

Há casos, no entanto, em que o tema é inovador, mas faltam ideias para explorá-lo de forma criativa durante a concepção e o desenvolvimento do evento.

Vejamos um outro exemplo do que pode ocorrer quando a temática do evento sofre desgaste e o evento ganha vitalidade com um novo tratamento.

O Free Jazz Festival começou com a temática do jazz. Em razão do isolamento do jazz, e do estreitamento do seu mercado, a direção do evento optou por "abranger diversas esferas musicais, que são variadas, excitantes e relevantes para nossos dias"[7].

Mantida a temática central – o jazz – o evento ganhou maior amplitude musical, com a incorporação de novas modalidades musicais. Com isso, o evento adquiriu maior relevância cultural, maior divulgação, visibilidade e ampliou enormemente seu público.

Quanto ao tratamento do tema, predominou o experimentalismo e a inovação, com o convite a novos grupos musicais.

Um caso de insucesso na atualização de temas é o Balé Bolshoi. O tema de seus espetáculos baseia-se no romantismo. "Cada peça mostra um amor transcendente e impossível, uma musa inspiradora e um herói abnegado"[8].

Como justificativa para a não atualização do tema, é apresentado o seguinte: "A companhia acolhe esse idealismo romântico porque supõe, com razão, que ele resiste incondicionalmente ao tempo. Versões de *O lago dos cisnes* e *Raimonda*, entre outros balés, precisam ser preservadas"[9].

A pretexto de preservar as obras do balé romântico, a companhia não inova em seus espetáculos. E, sendo assim, não apresenta novidades. Além do tema, já desgastado e tradicional, o tratamento ao tema também é convencional.

Criatividade em eventos

A sobrevivência da companhia depende do carisma e da virtuosidade de seus bailarinos. Mas os grandes bailarinos não vivem para sempre. E a época de ouro do Bolshoi já terminou.

Como renovar um evento?
O caso dos festivais de jazz e da Feira da Providência

"O jazz parece estar se retirando dramaticamente da cena." É uma constatação feita por muitos criadores e gestores de eventos como o Jazzfest de New Orleans, o Free Jazz Festival do Brasil e os festivais de jazz de Montreal e Newport.

O que ocorre em todo o mundo é um abandono progressivo do jazz. Um fenômeno que poucos conseguem explicar.

Os célebres *jazz points* do French Quarter de New Orleans fecharam as portas nos anos 1960 e 1970.

O público dos festivais de jazz declinou nos últimos anos. Muitos jazzófilos abandonaram o barco.

Quais os motivos para o declínio do jazz e, consequentemente, dos eventos de jazz? A globalização, que destruiu as suas raízes? Ou a morte dos grandes nomes mundiais do jazz? Ou ainda a emergência de novos gêneros, como o *rhythm'n blues*, *zydeco* e do *cajun*? Quem sabe, a concorrência de outros gêneros musicais?

Renovar o evento. Este é o único caminho a seguir no processo criativo de repensar os festivais de jazz.

Esse processo já começou. Os festivais tradicionais sofreram grandes mudanças, como as citadas a seguir:

a) utilização de um espantoso ecletismo, com a mistura de outros gêneros musicais com o jazz;

b) transformação dos festivais de jazz em festivais de atrações, que compreendem além das apresentações musicais, exposições, mostras, festivais culturais, de culinária e artesanato;

c) barateamento dos ingressos;

d) aumento do número de atrações diárias.

A renovação dos eventos de jazz baseia-se numa premissa básica: o jazz não é mais atrativo e, portanto, deve vir mesclado com outros gêneros musicais.

Com o aumento do número de atrações diárias, os festivais ganham novos palcos, onde ocorrem simultaneamente os shows.

Atraindo um público diversificado, diante dos diversos gêneros musicais que se somam ao jazz na apresentação dos festivais, os eventos ganham público e mercado e oferecem outras atrações: feira de culinária e artesanato, exposições, mostras e shows diversos.

O diagrama abaixo apresenta as diversas ações de renovação criativa de eventos de jazz, e que pode ser utilizado para qualquer evento:

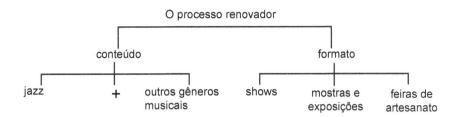

A criatividade utilizada na renovação do evento segue os parâmetros: mudanças em seu conteúdo e formato.

Quanto ao conteúdo, o evento ganha maior diversidade e torna-se um evento mais eclético, e não mais exclusivo de jazz. Com isso, ganha maior mercado e atrai maior público.

Quanto ao formato, o evento deixa de ser um evento de jazz e assume as características de um "festival cultural", pois inclui atividades musicais, culturais e artesanais.

Um outro exemplo de renovação é a Feira da Providência, um evento tradicional que ocorre há mais de quarenta anos no Rio de Janeiro.

Em 2000, o evento criou um novo conceito, abrindo espaço para atrações esportivas – Espaço Estação Verão e o Projeto Sport Show. De evento social, tornou-se um evento de entretenimento com a oferta de um elenco diversificado de atrações para o público: atrações esportivas, culturais e sociais.

O diagrama a seguir ilustra o processo renovador do evento:

Assim, tradicionalmente, uma feira de produtos importados, com barracas de países, que tinha no social a sua principal natureza, renovou-se.

Aumentou o seu escopo de diversões e conseguiu aumentar sua média de público, faturamento e número de patrocinadores.

Além disso, a Feira da Providência entrou na era dos "eventos temáticos". Em 2000, o tema escolhido foi "começar de novo".

A atmosfera do evento

Observamos recentemente o surgimento de uma nova "onda de revitalização da atmosfera dos eventos". Tal fenômeno foi visível em eventos como o Lollapalooza e o Woodstock 99.

E não é à toa que o Rock in Rio foi ressuscitado no Brasil. Sabe-se que o ponto marcante das edições anteriores foi a atmosfera de liberdade e permissividade proporcionada pelo evento.

Manifestações "canábicas", de amor livre, de cenas de nudismo, de sexo explícito reviveram os bons tempos de Woodstock.

O Rock in Rio tornou-se um ícone do mundo jovem, um verdadeiro passaporte para a liberdade que era negada aos jovens pela sociedade repressiva: liberdade de fumar, de dançar, de curtir, de fazer sexo, de se vestir e tudo o mais.

Desse clima de liberdade e permissividade, alimenta-se a atmosfera do evento. O espetáculo desloca-se do palco para a plateia. Todos gritam, dançam, aplaudem, cantam. A coreografia que vale não está nos artistas do palco, mas nos movimentos e gestos da plateia.

Há lugar para tudo e para todos – manifestações políticas, gritos de torcida, slogans, vaias, aplausos, atitudes inconformistas e protestos, se necessário.

Mas não é apenas nos festivais de música que a liberação da atmosfera do evento vem ocorrendo. Presenciamos esse fenômeno nos estádios de futebol e nos ginásios esportivos. A torcida canta, encanta, vibra, grita, dança, vaia e aplaude.

A música ambiente estimula o transe. Surgem os tipos os mais diversos, como os que se vestem com fantasias: o torcedor-aranha, o torcedor-espião, o torcedor-morcego etc.

Essa atmosfera de festa cria oportunidades para manifestações culturais diversas. Não há nada mais bonito e sugestivo do que os trajes coloridos, as canções, instrumentos e gestos dos torcedores africanos durante os jogos de suas seleções nacionais. Eles fazem a festa, com suas coreografias, canções e vestimentas típicas.

Como criar uma atmosfera propícia para o sucesso do evento? Criação de torcidas organizadas, prêmios para as melhores fantasias, concursos de fantasias, prêmios relâmpagos para os torcedores mais animados ou casais mais apaixonados, distribuição de camisetas e alegorias na entrada do evento, projeção instantânea de imagens da torcida em telões.

O fundamental é criar uma imagem da atmosfera livre e descontraída para o evento. Talvez uma campanha com anúncios de rádio, TV e mídia impressa, enfatizando o caráter festivo do evento.

Compras e diversão: as novas oportunidades para a criação de eventos

O impulso de compras por meio da diversão pode ocorrer de diferentes formas e em diversas situações[10]:

a) experimentação (por exemplo, uma loja de materiais esportivos onde foi montada uma grande área de simulação de esportes radicais. O consumidor testa o material antes de comprar e vive as emoções);

b) simulação virtual (por exemplo, a loja disponibiliza para o cliente jogos eletrônicos e softwares nos quais o cliente simula os usos e aplicações do material que ele deseja comprar);

c) prática de "karaokês" (o cliente canta a música que deseja comprar);

d) fotomontagem, no melhor estilo "disneyano", o cliente posa para fotos com a roupa e os utensílios que vai comprar;

e) realizações de "partidas-exibição", nas quais o cliente testa a sua performance *in loco*;

Criatividade em eventos

f) distribuição de convites para participar de eventos patrocinados pelo fabricantes dos produtos;

g) uso da prática do *test-drive*, num miniparque, próximo à loja de venda dos produtos;

h) distribuição de brindes e amostras grátis ou miniaturas dos produtos;

i) fotos com atletas e artistas patrocinados pelos fabricantes de produtos;

j) projeção de vídeos dos melhores momentos de uso dos produtos por atletas e artistas.

A estratégia é simples – divertir o cliente no ponto de venda. De acordo com pesquisa da Popai, "o consumidor vê apenas 10% do que é exposto e a decisão de comprar é tomada em menos de cinco segundos"[11].

Neste caso, o evento é visto como fator de entretenimento e impulsionador de compra no ponto de venda. Para o cliente, cada oportunidade de diversão é um evento.

A criatividade em eventos no ponto de venda resume-se à descoberta de novas oportunidades de entretenimento do cliente na própria loja ou em suas proximidades.

Para De Bono (1985: 201) existem dois tipos de processos distintos de oportunidades: a busca e a descoberta.

A busca de oportunidade ocorre quando "alguém cria um conceito novo e este serve de fator indutor da oportunidade". Por exemplo, a simulação por meio da tecnologia digital do uso do produto nas telas do computador.

O cliente, antes de comprar uma prancha de surf, testa as suas habilidades no computador. Para ele, cliente, o teste virtual resume a criatividade em eventos do dono da loja.

Este pode criar um evento maior que seria uma competição virtual de surf para os clientes de sua loja, com prêmios e distribuição de brindes.

O novo conceito criado foi a "simulação virtual", que se baseou na busca de uma experimentação prévia por parte do cliente, do produto desejado na prática esportiva de sua preferência.

A descoberta da oportunidade é diferente. Neste caso, existe a oportunidade. O que deve ser feito é aproveitá-la o quanto antes. Se possível, antes mesmo dos concorrentes.

Um bom exemplo é a mais nova tendência das academias de ginástica de ampliar seus espaços para eventos.

Os clientes querem participar de eventos com seus colegas de academia. E a melhor maneira de fazê-lo é na própria academia, onde todos se encontram regularmente.

Existe uma necessidade – diversão em grupo no interior da própria academia – que precisa ser entendida como oportunidade de realização de eventos.

Quem o fizer primeiro ganha mercado e se diferencia de seus concorrentes. Uma outra maneira de aproveitar essa oportunidade é inscrever a academia em eventos externos ou alugar outros espaços para a realização de eventos internos da academia.

O turismo de eventos de negócio e de artes: o campo fértil para a criatividade em eventos

Esta é a década do turismo de eventos: da busca da rentabilidade do setor, afirmou Raimundo Peres, superintendente executivo do Convention Bureau de Salvador[12].

O turismo de eventos na região Nordeste vem atraindo cada vez mais profissionais em viagens de negócios. Para 2000, a previsão é de cinco milhões de turistas de negócios, o que representa um crescimento de 11% sobre o ano anterior.

Em alguns estados, o turismo de negócios corresponde a 40% do fluxo global de turistas. A principal vantagem desse segmento é o seu potencial gerador de renda e de lucratividade.

"O segmento de eventos e negócios remunera de três a quatro vezes mais que o lazer e já responde pela maior fatia da receita global do setor, estimada em três bilhões de reais por ano"[13].

No entanto, não basta para os governos locais o desejo de promover o turismo de eventos. Intenções apenas são insuficientes. O desafio é muito maior. Requer dos governos, em parceria com as empresas privadas, grandes investimentos em infra-estrutura hoteleira, centros de convenções, serviços e lazer.

A Bahia é um exemplo desse esforço conjunto para promover o segmento de turismo de eventos. Em 1999, o Estado recebeu 3,9 milhões de turistas, sendo que 34% viajavam a negócios. Para 2000, a meta é aumentar esse fluxo em 40%. Em cinco anos, ou seja, 2005, a meta é aumentar a participação do turismo de eventos e negócios para a metade do total do fluxo de turistas à região.

O Ceará deverá receber 1,6 milhão de turistas em 2000, com crescimento de 14,2% sobre o ano de 1999. Pernambuco superou a marca dos cearenses, com seus 2,1 milhões de turistas, dos quais um milhão viajou a negócios.

A criatividade em turismo de negócios deve começar com a escolha dos setores-chave. Por exemplo, Salvador escolheu as áreas médica e jurídica.

O Ceará optou pela ênfase na realização de seminários e congressos em geral, Pernambuco aposta nos setores de medicina, informática, veículos e metal-mecânica.

Em seguida, busca-se a criatividade nos projetos arquitetônicos dos centros de convenções, com capacidade para mais de cinco mil pessoas, e dotados de toda a infraestrutura física, de produtos e serviços para a realização de megaeventos e eventos de médio e pequeno portes.

Investimentos em marketing, por meio de campanhas criativas, e na capacitação de mão de obra local são outras ações criativas necessárias.

O foco é um elemento-chave do processo criativo em eventos de negócio. Onde atuar para atrair participantes do turismo de eventos? A Bahia pretende desenvolver eventos latino-americanos e ibero-americanos para aumentar o fluxo de argentinos, espanhóis e portugueses. O Ceará investe na internacionalização, com o foco nos europeus e nos latino-americanos.

Juntamente com os eventos de negócios, deve-se ampliar a oferta de eventos de entretenimento e de centros de lazer.

O turismo de negócios não pode ser visto de forma estanque e desassociado do turismo de lazer. Assim como os eventos. Para cada evento de negócio, um ou mais eventos de entretenimento devem ser programados.

Por exemplo, uma feira de negócios deve incluir em suas atividades, pequenos eventos sociais, culturais, educacionais e até mesmo esportivos para seus participantes, além de outros pequenos eventos de negócios, como encontros, rodadas de negociação.

As oportunidades de criatividade nos eventos de negócios derivam dos seguintes fatores: setores-chave escolhidos (segmentação setorial), temas dos congressos e seminários (segmentação temática), o foco (segmentação de mercado) e elenco de eventos paralelos (diversificação de atividades).

O diagrama a seguir apresenta a relação entre esses elementos:

Quanto mais precisas as respostas, maior a criatividade dos eventos de negócios. Esta está nas escolhas inusitadas, inovadoras, como o caso de Brasília, que se tornou a cidade dos eventos esotéricos (feiras, seminários, congressos).

Curitiba é um outro bom exemplo. Com os seus festivais de teatro e dança, tornou-se a capital dos eventos de arte. Gramado tornou-se famosa pelos seus eventos de cinema. Joinville, um polo de eventos de dança. E Campina Grande, a capital do forró.

O mesmo raciocínio aplicado a eventos de negócios vale para os eventos de arte.

Notas

[1] Alessandra Simões. "Uma América distante mas conhecida", *Gazeta Mercantil*, Caderno Fim de Semana, 1º e 2/4/00, p. 5.

[2] Flávia Fontes. "Reflexos e distrações através do vidro", *Gazeta Mercantil*, Caderno Fim de Semana, 21 e 22/8/99, p. 6.

[3] Flávia Fontes. "Evolução sutil de um estilo", *Gazeta Mercantil*, Caderno Fim de Semana, 11 e 12/9/99, p. 8.

[4] Flávia Fontes. "A desconstrução do clássico", *Gazeta Mercantil*, Caderno Fim de Semana, 24 e 25/10/98, p. 5.

[5] Idem, p. 5.

[6] Idem, p. 5.

[7] Camilo Rocha. "O admirável mundo eletrônico", *Gazeta Mercantil*, Caderno Fim de Semana, 24 e 25/10/98, p. 4.

[8] Flávia Fontes. "Desgaste histórico", *Gazeta Mercantil*, Caderno Fim de Semana, 22 e 23/5/99, p. 4.

[9] Idem, p. 4.

[10] Tadeu Oliveira. "Diversão e compras", *Jornal do Commercio*, 9/5/00, p. B-5.

[11] Idem, p. B-5.

[12] Luciana Franco. "Turismo de eventos estica alta temporada", *Gazeta Mercantil*, Caderno Viagens & Negócios, 17/2/00, p. 1.

[13] Idem, p. 1.

As estratégias criativas em eventos

O ponto de partida: a migração do valor

O conceito de migração do valor, criado na década de 1980, constitui uma mudança radical nas concepções de negócios.

Como afirma Slywotzky (1997: 4), constitui "um padrão que reflete a obsolescência crescente das concepções do negócio tradicionais".

E o que é concepção de negócio? Para Slywotzky, "é um conjunto de pressupostos básicos sobre clientes e economia".

Podemos falar de ideias sobre o negócio, que podem ser extraídas a partir de um conjunto de perguntas-chave:

– Como os clientes estão mudando?

– Quais são as prioridades dos clientes?

– Que elementos impulsionam os lucros para o negócio?

Em seguida às respostas a tais perguntas, procede-se à definição dos elementos que constituem o núcleo de oferta responsável pela criação de valor para os clientes.

Por exemplo, a seleção do cliente, os produtos e os serviços, a base de diferenciação, a configuração organizacional, o sistema de gestão são também denominados de "dimensões-chave do negócio", segundo Slywotzky.

Esse modelo de concepção de negócio pode ser aplicado no caso da gestão de eventos, pois um evento deve ter público, mercado, requer investimentos, deve gerar retorno para seus patrocinadores e envolve recursos diversos. Portanto, qualquer evento deve ser visto como um empreendimento, um negócio a ser bem gerenciado.

A concepção corresponde, como já vimos anteriormente, às ideias e pressupostos básicos de algo. E, consequentemente, o ponto de partida para pensar criativamente qualquer evento.

Sabemos que um evento é um fato, acontecimento que gera distração, cultura e bem-estar para o público e negócios para seus investidores e parceiros. No entanto, a ideia de evento vem apresentando mudanças ao longo do tempo.

Criatividade em eventos

Analisemos o caso dos eventos de ópera. Seguindo-se as diversas etapas na construção de uma nova concepção de negócio, temos primeiramente as perguntas-chave (agora adaptadas para eventos):

– Como o público dos eventos de ópera está mudando?

– Quais são suas prioridades?

– Que elementos impulsionam os lucros dos eventos de ópera?

O público quer e exige renovações no mundo da ópera. Exige a atualização dos temas clássicos a partir de uma visão pós-moderna, além de cenários *high tec*, fashion, novos figurinos e instalações, com a presença de objetos geométricos e estruturas gigantescas. Anseia por novas versões da música e de maior aprofundamento da relação dramática entre os personagens, o que faz os cantores cada vez mais apresentarem um desempenho de atores.

E as prioridades? A música, que antes era a senhora da apresentação, perde a importância para a direção cênica do espetáculo. O padrão virtuosístico, que era constante e uniforme, sofre alterações a cada apresentação pela criatividade dos diretores, atores e músicos.

E, dentre os elementos impulsionadores dos lucros, o destaque não é mais o Estado, como grande patrono dos espetáculos de ópera. É o capital privado, sob a forma de investimentos das empresas patrocinadoras, venda de ingressos e doações feitas pelas sociedades de amigos dos teatros, museus e festivais.

Vejamos agora o núcleo de oferta de valor para o público dos espetáculos de ópera. Como agregar valor a este público? Por meio dos seguintes elementos ou dimensões-chave:

– espaço operacional (criação de novos espaços, como, por exemplo, estádios, teatros e até mesmo na praia, como já ocorreu no Rio de Janeiro, com a ópera *Carmina Burana*);

– preços (barateamento dos ingressos);

– centro dramático (com novas versões e interpretações);

– palco (renovação cenográfica e cênica com novos cenários e instalações);

– música (melhoria do padrão virtuosístico);

– desempenho dos cantores e atores (presença de atores virtuais que contracenam, em tempo real, com atores de verdade);

– personagens (novos personagens pós-modernos);

– temas (atuais, futurísticos ou recriações de temas clássicos);

– recursos (privados e não mais estatais);

– fontes de receitas (não mais subvenções governamentais, e mais investimentos privados e doações das sociedades de amigos).

Tais concepções implicam novas ideias e pressupostos sobre o que é um evento de ópera de sucesso nos dias atuais.

Criar o evento a partir desse modelo – migração de valor – é a condição básica para a sua transformação em evento-empreendimento ou evento-espetáculo.

A criatividade com base na oportunidade do tema: os 500 Anos do Descobrimento

A 16ª Bienal do Livro de São Paulo, realizada no período de 28 de abril a 7 de maio de 2000, utilizou como tema central do evento os 500 Anos do Descobrimento.

O evento adotou o modelo já consagrado das bienais do livro: realização de palestras, seminários, mesas-redondas, minicursos, oficinas, performances teatrais e atos culturais.

O ponto alto do evento foi o Salão de Ideias, onde se realizaram os debates, em especial os debates cívicos centrados nos seguintes temas: Alma Brasileira, Inserção Política, Econômica, Portugal e o Descobrimento e Brasil e o Descobrimento.

Com base na temática do evento – 500 Anos do Descobrimento – as editoras lançaram uma grande quantidade de livros sobre a História de Portugal e do Brasil.

Foram também feitas homenagens a escritores que dedicaram suas obras e repensaram o Brasil – Jorge Amado, Gilberto Freyre, João Ubaldo, Orlando Villas-Boas.

Analisemos a seguir como o processo criativo temático se desenvolveu na definição das atividades e atrações para o público participante do evento:

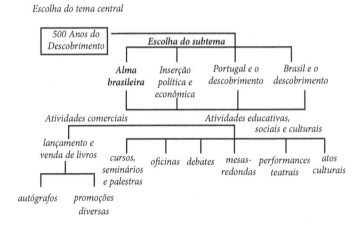

Definido o tema central – 500 Anos do Descobrimento –, foi feita a escolha dos subtemas. Em seguida, definidas as atividades, divididas em dois segmentos: comerciais (lançamento e venda de livros) e educacionais, sociais e culturais (cursos, seminários, palestras, oficinas, debates, mesas-redondas, performances teatrais, atos culturais, além de projeção de vídeos).

No âmbito das atividades comerciais, alguns pequenos eventos foram organizados, como tardes e noites de autógrafos, coquetéis para lançamento de livros e promoções diversas, com preços especiais, sorteios e cuponagem. Tais atividades constituem o que denominamos de "eventos promocionais". Seu objetivo é alavancar as vendas dos produtos – neste caso, os livros.

Além dos eventos promocionais, existem também os eventos sociais, culturais e educacionais. Proporcionam atrações e oportunidades de entretenimento e lazer para o público. Seus objetivos estão relacionados às suas atividades, que buscam aumentar a formação cultural, aprimorar os conhecimentos, socializar e integrar o público presente ao evento.

A criatividade na montagem dos espaços alternativos

A ideia da montagem de "espaços alternativos de consumo e lazer" por patrocinadores surgiu com o Rock in Rio. A Malt 90 foi amplamente consumida pelos jovens presentes ao Festival, ao som das baladas de Fred Mercury. As chuvas e a lama não prejudicaram a mobilidade do pessoal dançante no amplo espaço de lazer, que ganhou "*status* de espaço democrático".

A 7ª Semana Barra Shopping de Estilo, em julho de 2000, lembrou os bons tempos do Rock in Rio. Mais de 15 grifes apresentaram as suas coleções primavera/verão em três tendas montadas numa área de 17 mil metros quadrados, respectivamente "Ipanema" (seiscentos lugares) "Angra dos Reis" (mil lugares) e "Corcovado" (1.500 lugares).

A tenda "Copacabana" era o espaço de consumo e lazer e, portanto, o mais democrático do evento. Nele funcionaram um bistrô, um café, uma livraria, exposições e uma mostra de fotografias.

Outro exemplo de espaço alternativo são os "cafés", criados com exclusividade para o Festival Internacional de Dança – FID – realizado em junho/julho de 2000, em Belo Horizonte. O objetivo desses cafés era "discutir a dança". Após os espetáculos, o público se reunia para analisar e discutir performances. Em alguns casos, os próprios autores e protagonistas dos espetáculos ali se encontravam com seus fãs e espectadores para debater suas ideias.

A criatividade do ecletismo

Foi-se o tempo dos eventos de apenas um tipo de atividades. Era a época dos eventos funcionais, individualizados e singulares.

A natureza do evento esportivo, social, cultural, ecológico – era o fator determinante da escolha do escopo de suas atividades.

Sendo um evento esportivo, apenas atividades esportivas e, quase sempre, de uma única modalidade, eram realizadas. Em um evento cultural, o mesmo ocorria – a definição de uma atividade cultural e a sua prática individualizada.

O *"mixing* de atividades" era visto como algo impensável, pois retirava do evento a sua identidade, bem como o seu principal foco. Além disso, para os especialistas e publicitários de plantão, o evento perdia poder de segmentação, já que as atividades esportivas, culturais, sociais e ecológicas atraem públicos distintos.

A partir do final dos anos 1980, o conceito de evento sofreu grandes mudanças. Com a emergência dos conceitos de evento-espetáculo e evento-entretenimento, o escopo dos eventos ampliou-se enormemente.

Os eventos únicos e singulares, estritamente funcionais, com ênfase num único tipo de atividades, deram lugar aos "eventos ecléticos", com predominância do *"mixing* de atividades".

Em substituição aos eventos esportivos, culturais, sociais ou ecológicos, surgiram os eventos de maior escopo de atividades, denominados "eventos multifuncionais ou multifacetados".

É uma nova visão de evento – o evento como uma "cadeia de atividades" –, cujo principal objetivo é oferecer "valor de entretenimento" para o público.

A lógica é simples: quanto maior a variedade de atividades, maior utilidade sob a forma de opções de entretenimento e valor para as pessoas.

O evento eclético ganha maior apelo entre o público, maior atratividade e sua concepção criativa torna-se um fator favorável para a negociação com a mídia e com os patrocinadores.

Um exemplo de evento eclético foi o NYCC Roppe Show, realizado em abril de 2000, no New York City Center, na Barra da Tijuca, no Rio de Janeiro.

Com o patrocínio do UOL e da Slavia, reuniu mais de cem mil pessoas nos seus 17 dias de realização. Com um completo mix de atividades, tais como: esportes radicais, atividades culturais e sociais, atraiu públicos diversos.

Dentre as atividades esportivas, os destaques foram os campeonatos carioca, brasileiro e sul-americano de escalada esportiva e a realização do Desafio de Velocidade, com prêmios no valor de 25 mil reais.

Apresentações de dança acrobática e coreografia aérea da companhia de Deborah Colker e de outros grupos artísticos foram as principais atividades culturais do evento.

Na área social, houve a festa Loud, com som ambiente e músicas estridentes dos DJs mais famosos da cidade.

Além da audiência direta – o público que participava das atividades no próprio local –, o evento teve a cobertura online por meio da TV UOL, com uma audiência bastante numerosa.

O diagrama a seguir apresenta a cadeia de atividades do evento:

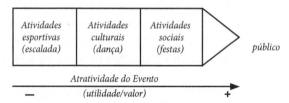

O conjunto destas atividades definiu o caráter eclético do evento. Criou um pacote de atrações para o público e atraiu novos segmentos. Por exemplo, o público jovem adepto de escaladas – amante dos esportes radicais –, os adolescentes e pré-adolescentes que curtem festas em boates, e um público adulto, mais voltado para a dança.

Com um elenco diversificado de atividades esportivas culturais e sociais, o evento ganhou maior poder de atratividade entre o público e tornou-se mais comercializável para os patrocinadores.

Com a transmissão do evento, via internet, ampliou-se enormemente a sua audiência.

A criatividade da diversidade

Ao contrário do Festival de Inverno de Campos de Jordão (São Paulo), que se especializou em música erudita, o Festival de Inverno de Garanhuns (Pernambuco), em sua 10ª edição, impôs-se como um evento altamente diversificado. A cada versão do evento, o festival ganha em variedade e atrações para o público. Em julho de 2000, foram recebidos pela cidade cerca de 220 mil visitantes.

A diversidade compreende eventos de música popular e erudita, teatro de rua, mamulengo, circo, folclore, dança, cinema e vídeo.

O evento reúne artistas locais, regionais, nacionais e internacionais, numa verdadeira babel de performances artísticas. Essa diversidade se reflete nos gêneros musicais – erudito, popular, instrumental eletrônico, pop, sertanejo.

É este "ecletismo musical" que tornou o festival um evento de sucesso. Muito mais diversificado e eclético do que os festivais de inverno de Ouro Preto (Minas Gerais), Curitiba (Paraná) e Campos de Jordão (São Paulo).

No teatro, a diversificação também é dominante. São peças e montagens teatrais as mais diversas – teatro convencional, de rua, mamulengo, teatro infantil, infanto juvenil e adulto. Na dança não é diferente. Grupos de dança de rua juntaram-se a grupos circenses e companhias de dança clássica e popular.

A cultura popular é representada por palestras, cursos e exposições.

Para o Secretário Estadual de Cultura, Carlos Garcia, "diferentemente do Festival de Campos de Jordão, que trabalha mais a música erudita, o de Garanhuns é o mais diversificado do país, refletindo dessa forma a riqueza da cultura do Estado"[1].

A criatividade da fusão

A mistura de temas e estilos é uma estratégia de criatividade. Por que só realizar eventos de teatro, música, esportes e artes plásticas? E por que não misturar estilos num único evento de música, literatura, pintura ou escultura?

A companhia francesa Montalvo-Hervieu apresentou-se no Teatro Municipal do Rio de Janeiro, com o espetáculo *Jardim Io Io Ito Ito*.

Os bailarinos, além do balé clássico, apresentaram dança chinesa e flamenca, rap, *break*, *hip hop* e até mesmo rituais africanos.

Além da fusão de estilos de dança, o grupo utiliza a criatividade da fusão coreográfica, com a ajuda dos recursos da multimídia, que projetam no telão imagens superpostas.

Os dançarinos, quando se movimentam no palco, têm suas imagens projetadas no telão e, com superposições e fusões, assumem formas diversas: homens-árvore, homens-pássaro, homens-peixe. São seres fantásticos que assumem papel de destaque no cenário do evento.

Para os coreógrafos Montalvo e Hervieu, trata-se de uma "colagem étnica", que consiste na "reconstrução das emoções de alegria e da palpitação do ser humano e seu jogo de diferenças"[2].

A criatividade do embalo

Um evento é uma festa. "Juntamos diversão e arte." Esta afirmativa é de Daniel Koslinski, um dos sócios-gerentes da Matriz Produções, empresa de promoção de eventos[3].

Este é o mesmo pensamento de outros promotores de festas, que faturam alto em eventos desta natureza.

Como transformar um encontro de jovens numa boate, numa autêntica festa de diversão e arte? Este é o segredo de eventos dessa natureza.

"Para uma festa dar certo é preciso selecionar. Por isso organizamos uma lista de convidados VIPs", afirma Fred Weissmann. Sua empresa detém um cadastro de oitocentos clientes jovens-VIPs, que têm a carteirinha de sócio que dá direitos a mordomias na festa.

Além disso, o uso de mala direta é constante como estratégia de marketing do evento. São mais de vinte mil nomes, com ênfase no público jovem de alto poder aquisitivo.

As festas são, portanto, eventos direcionados a um segmento – jovens de classes A e B – que podem pagar ingressos na faixa de quarenta, cinquenta reais.

Mas a segmentação é ainda maior. Esse público é segmentado por tipos e estilos de vida – por exemplo, adolescentes, mauricinhos e patricinhas, marombeiros, lutadores de jiu-jitsu.

As festas recebem nomes que as diferenciam no cenário dos embalos da cidade – Moonight, D-Traxy, Loud. E são identificadas pelo nome dos locais onde acontecem: Prelude (Lagoa), Terraço Rio-Sul, El Turf (Gávea), Méli Mélo (Lagoa), Slavia (Barra da Tijuca), Papillon (Barra da Tijuca).

O conceito de arte e diversão se traduz na criação de um "clima de embalo" – bebida e comida, em muitos casos já incluídos no preço, presença de galeras diversas, gatinhos e gatinhas, muita azaração, possibilidades infinitas de "ficar", e verdadeira legião de DJs, com músicas tecno, românticas e hits árabes.

O som é eclético e a plateia, diversificada, dentro das diferenças aceitáveis de uma única grande tribo – "a tribo dos jovens dos embalos das segundas, terças, quartas, quintas, sextas, sábados e domingos".

Antes restritas a boates e condomínios, hoje as festas de embalos ganham novos locais de realização: cinemas, terraços, áreas de entretenimento nos shoppings, academias, clubes e, sobretudo, bares temáticos.

Até mesmo em um antigo terreno na zona portuária, no Aeroporto Internacional do Galeão e num castelo em Itaipava, tais festas já ocorreram.

As estratégias criativas em eventos

A média de público chega a cinco mil pessoas. Mas há casos de festas com vinte mil. Em tais casos, o transporte dos festeiros, a aparelhagem de som, os serviços, a segurança, o estoque de bebidas e comidas são cuidadosamente planejados para garantir o sucesso do evento.

São previstas também performances diversas – shows – que ajudam a criar a atmosfera de embalo do evento.

A faixa etária é ampla – de 16 a trinta anos – homens e mulheres, e todos os tipos de tribo, como tecnos, punks, funks, metaleiros, pops, judocas etc.

Algumas festas viram "marcas registradas" e são comercializadas por meio de CD, camisetas e brindes.

As "festas-embalo" ganham cada vez mais espaço no mundo dos eventos. Estenderam-se para diversos locais, além das boates, e já são programadas em grandes congressos e seminários, como eventos paralelos.

A criatividade do ineditismo

A criatividade de um evento pode revelar-se no seu ineditismo. Um evento que se propõe a ser inovador, em sua gestão, natureza e objetivos, já assegura para si um caráter de inovação e criatividade.

Mas existem também eventos que buscam o ineditismo em suas origens e atividades. São eventos com temas inéditos e com o lançamento de novidades.

Os organizadores da 7ª Semana Barra Shopping de Estilo, realizada em julho de 2000, no Rio de Janeiro, decidiram "barrar as grifes que lançaram coleções no evento Morumbi Fashion, que ocorrera dias antes em São Paulo"[4].

Para Eloysa Simões, diretora da Dupla Assessoria, idealizadora do evento, "não é justo que mostrem as mesmas coisas duas vezes"[5].

As feiras de produtos e negócios são famosas pelos seus lançamentos. Em cada versão do evento, são anunciadas atrações inéditas, sob a forma de novos produtos, serviços, expositores, patrocinadores e anunciantes.

Um exemplo de ineditismo em tais eventos são as "rodadas de negociação", os assim denominados "balcões de negócios", onde se reúnem fabricantes e revendedores lojistas, para fechar novos contratos.

O Nutri Show 2000, já em sua 3ª versão, é um outro exemplo de ineditismo em eventos. Tomando como base o tema Nutrição, o evento ganhou a adesão do público e de fornecedores de produtos e serviços do setor.

A cada ano o evento amplia o seu escopo de atividades. Começou como uma feira de produtos, e hoje traz inúmeras novidades, tais como a Gincana de

Alimentação, com prêmios para aqueles que respondem às perguntas formuladas, lançamento de catálogos do setor, o Salão de Nutrição e Alimentação, com reuniões, cursos e palestras para os profissionais do mercado.

A 8ª Semana de Moda, também denominada Casa de Criação, que ocorreu em julho de 2000, em São Paulo, lançou um "sistema de medição de popularidade" dos desfiles realizados no evento. A cada dia do evento, 130 pessoas eram sorteadas para votar com os jurados nas melhores grifes, classificando-as com notas de zero a dez. As grifes mais votadas asseguraram a sua participação na próxima versão do evento.

Uma outra demonstração do ineditismo do evento é o projeto LAB, que compreende a apresentação de estilistas recém-formados. O objetivo é abrir espaços no evento para profissionais em fase de estabelecimento no mercado.

Quanto à escolha de temas inéditos, temos o *sport business* como uma temática nova e recente. Trata-se de um setor em franca expansão, com perspectiva de negócios superior a 450 milhões de reais.

O *boom* das feiras de *sport business* começou em julho de 2000, com a Surf & Beach Show, que movimentou trezentos milhões de reais. Outras estão previstas para o período de agosto a dezembro de 2000 – Futebol S.A., Wellness Sports, Boat Show, The International Health, Racquet and Sportclub/Fitness, Adventure Sports e Safe.

Para Roberto Gheler, presidente da São Paulo Convention & Visitors Bureau, "pelo menos 10% dos eventos de pequeno, médio e grande porte que devem ocorrer na capital paulista este ano estarão relacionados à área esportiva"[6].

Além de temas inusitados, os eventos que se destacam pelo seu ineditismo são aqueles que descobrem novos filões de mercado.

O Nutri Show 2000 e as feiras de *sport business*, entre outros, são provas irrefutáveis de que o ineditismo já chegou neste setor de atividades.

A criatividade da interatividade

O segredo de sucesso de qualquer evento é a sua capacidade de fazer o público interagir com ele, portanto, o de criar em ambiente interativo.

Este ambiente interativo pode ser constituído de diversos elementos:

a) ações promocionais interativas (sorteios, distribuição de cupons de desconto, concursos, degustação de produtos, distribuição de amostras grátis de produtos, uso de embalagens de produtos como ingressos do evento, coleta

As estratégias criativas em eventos

de alimentos não perecíveis, destinação de parte da bilheteria para instituições de caridade etc.);

b) atividades recreativas e socializadoras (jogos, brincadeiras);

c) atividades educativas (cursos, palestras, seminários, congressos, debates);

d) atividades culturais (encontros com artistas, intelectuais, projeção de filmes
e vídeos, seguidos de debates, espetáculos de música e de teatro, com a participação direta do público);

e) instalações interativas, também denominadas de "videoinstalações", cujo objetivo é virtualizar o ambiente retratado no evento, com suas obras, personagens, fatos e acontecimentos.

A interatividade promocional, recreativa, educativa e cultural beneficia diretamente
os patrocinadores, que aproveitam tais ações para aproximar seus produtos e
marcas do público presente ao evento, e indiretamente o próprio público que obtém
vantagens e se diverte.

A interatividade das videoinstalações tem um impacto direto sobre o público e
se constitui num fator de maior atratividade do evento.

Há duas formas de uso da interatividade virtual durante um evento: por meio
de reconstituições cenográficas e de instalações multimídias.

O evento A Paisagem Carioca, realizado em agosto de 2000, no Museu de Arte
Moderna do Rio de Janeiro – MAM-RJ, é um exemplo de criatividade da interatividade. Compreendeu exposições, oficinas de criação, visitas guiadas e um ciclo de
palestras. O objetivo era destacar a importância da paisagem carioca no desenvolvimento das artes.

O ponto forte do evento era a "possibilidade do espectador interagir com as
peças em exposição"[7]. Por meio de um livro virtual, as pessoas podiam ler e ver a
obra de Machado de Assis. Com o uso de um binóculo virtual ("visorama"), o espectador podia ver a paisagem carioca da época, como se estivesse num mirante.

Para o curador Carlos Martins, "você põe o binóculo e olha para um lado
e para o outro para cima e para baixo, e tem a sensação de estar diante do Rio
de Janeiro"[8].

Uma outra forma de interatividade utilizada no evento foi a reconstituição de
um cenário da época. Foi montado um cenário teatral, reproduzindo a paisagem
da época, e no qual as pessoas podiam tirar fotografias de recordação. Os recursos
de multimídia não foram esquecidos. Cada módulo da exposição tinha telões, com
projeções simultâneas de imagens e personagens da época.

Criatividade em eventos

A criatividade do tempo real

Quem disse que é necessário ir aos estádios e ginásios esportivos ou assistir à televisão para presenciar jogos e competições esportivas? Já estamos na era dos eventos esportivos transmitidos pela internet, em tempo real.

O Torneio de Wimbledon de 2000 foi um verdadeiro show de imagens via internet. O site, com seus diversos *links*, foi a mais completa fonte de informações sobre o evento. Na página do torneio Wimbledon 2000, o internauta encontrava tabelas de jogos, notícias atualizadas e entrevistas com os tenistas.

Com o site oficial do evento, era possível acompanhar em tempo real as imagens dos jogos. Ao fazê-lo, o torcedor internauta poderia acessar dados estatísticos diversos sobre os jogos, o perfil dos jogadores e resultados dos eventos anteriores, bem como posições no *ranking*.

As opções de acesso eram diversas:
a) transmissão dos jogos do torneio por diversos sites;
b) acompanhamento dos jogos pelo site oficial;
c) canal de áudio e vídeo com notícias sobre o torneio;
d) transmissão de notícias 14 horas por dia;
e) passeio virtual pelo complexo esportivo de Wimbledon;
f) obtenção de informações metereológicas (condições climáticas, temperatura, velocidade e direção do vento);
g) projeção de vídeos da história do torneio;
h) compra de brinde, ingressos e produtos.

O site oficial das Olimpíadas apostou no volume de informações sobre o evento. Forneceu informações sobre as modalidades esportivas que fazem parte dos jogos – suas histórias, lendas, recordes e regras.

Outro *link* fornecia algumas curiosidades sobre o evento, como o trajeto da tocha olímpica, as mascotes dos jogos e a programação dos eventos paralelos, sobretudo, os eventos de arte e os jogos do verde, além do trabalho de voluntariado. A Paraolimpíada tem um *link* próprio.

Há também uma seção destinada ao público infantil, com informações didáticas sobre o evento.

Contudo, o ponto-chave do site, capaz de gerar receitas para seus organizadores, é o *link* que vende *souvenirs* dos jogos.

E, finalmente, existem ainda no site as informações sobre atletas e países e sobre o local do evento, a cidade de Sydney, na Austrália.

O Rock in Rio III já tem o seu site oficial, divididos em quatro *links*: um *link* sobre as histórias do Rock in Rio I e II e para inserir as histórias dos espectadores

As estratégias criativas em eventos

desses eventos; um *link* promocional, em que os espectadores vão dar o seu voto sobre as melhores bandas; um *link* de informações gerais sobre o evento; e um *link* muito criativo, cujo objetivo é promover encontros.

O evento em tempo real não é mais um jogo visto por muitos no local e assistido por milhares por meio da TV. É um espetáculo que se apresenta ao espectador sob diversas formas: como imagens via internet, transmitidas em tempo real, como fonte de dados jornalísticos e históricos, como "lócus" a ser visitado virtualmente, como memória viva, como fonte de dados culturais, sociais, econômicos e esportivos, como oportunidade de passeio virtual em suas instalações, e como fonte de pesquisas diversas.

Antes de começar o evento, o espectador já entra no "clima do evento", acessando o seu site oficial e demais sites. Busca informações, faz pesquisas, vive antecipadamente as emoções do evento.

A criatividade por meio da tradição: o caso do Festival Wagner

O Festival Wagner de Bayreuth, na Alemanha, tem um "esquema de apresentações que soa bizarro para os padrões de eterna renovação que vigoram até mesmo no mundo da ópera"[9].

O esquema não poderia ser mais tradicional. A cada ano são reprisadas algumas óperas. O período de reprise dura quatro anos.

A ênfase na repetição tornou-se a marca registrada do festival. Alguns chamam o evento de "festival do tédio", uma verdadeira fábrica de entediados.

O sistema de rodízio funciona sempre dentro do escopo das óperas de Wagner. No entanto, o *Anel dos Nibelungos*, que inaugurou o festival em 1876, é sempre apresentada a cada ano.

A preservação da tradição wagneriana já começa com a escolha do local das apresentações de ópera: em Festspielhauns – um prédio de tijolos aparentes com estilo bávaro – que foi totalmente equipado com instalações técnicas e maquinaria de palco com dinheiro do próprio Wagner.

Outro viés da tradição é a encenação vitalícia da ópera que inaugurou o teatro – o *Anel dos Nibelungos*.

Preservados o lócus e os objetos de apresentação, o que por si só já conferem ao festival o *status* de evento mais tradicional do mundo da ópera, seus organizadores abriram espaços generosos para a criação.

Contudo, é bom ressaltar que a manutenção desse viés de tradição é uma vertente de criatividade do evento.

As demais vertentes são as seguintes: as mudanças na direção cênica do espetáculo, com os cenários fashion da estilista Rosalie e de Heiner Müller, os espaços poéticos de Wieland Wagner, responsável pela renovação da ópera wagneriana nos anos 50 e 60, e as novas interpretações dos atores.

Assim, mantida a tradição, são feitas mudanças nos figurinos, nos cenários, nas interpretações dos tenores, barítonos, baixos-barítonos e outros.

Há também mudanças no elenco a cada ano. O foco das ações criativas é sempre o cenário, a parte dramática e o estilo de representação.

Com isso, cada versão do festival é um espetáculo. O público não se deixa entediar, porque vive a expectativa de novas mudanças a cada apresentação anual.

A estratégia é simples: mantém-se o objeto da apresentação (as óperas wagnerianas), o local de apresentação (o teatro da Festspielhauns) e mudam-se os seus elementos-chave (cenário, figurinos, estilo).

O palco também é objeto de mudanças. Como parte central do cenário, a cada apresentação da mesma ópera são agregados novos elementos cênicos. Por exemplo, na ópera *Mestres cantores* há sempre um desfile de cenas pitorescas da Francônia Medieval, com mesas de madeira, tavernas e muitos figurantes típicos.

O diagrama a seguir representa o modelo de gestão criativa do evento:

O núcleo central – tema – não sofre mudanças. Estas ocorrem nos elementos periféricos – música, figurinos e cenário, estilo de representação e palco.

Tal abordagem de mudanças mantém a tradição do evento e ao mesmo tempo reforça a sua parte dramática com as mudanças circunstanciais nos seus elementos periféricos.

Em *Parsifal*, o palco é "recheado de estruturas carbônicas gigantescas e multicoloridas". A estrutura do ambiente também é um outro elemento singular do evento – "a orquestra é oculta por um fosso dotado de telhado negro que separa o público do palco"[10].

A música é um outro elemento dominante do evento. Na visão dos idealizadores do festival, "a música é a senhora da representação". A cada apresentação, surgem novidades.

Mas em Bayreuth, tudo é Wagner. Além do festival, existem museus e o Arquivo Wagner. Todos os eventos são administrados pela Fundação Richard Wagner. O sucesso é tamanho que ingressos para o festival somente podem ser adquiridos com dois ou três anos de antecedência.

A criatividade por uso de metáforas

A metáfora é uma figura de linguagem. Ajuda-nos a estruturar conceitos de difícil explicação.

Para Lakoff e Johnson (1980: 14) existem três tipos de metáforas: as *estruturais*, que estruturam o nosso sistema conceptual de forma sistemática; as *orientacionais*, que estão ligadas à orientação espacial; e as *ontológicas*, que consistem na transformação dos conceitos em entidades – coisas ou seres.

Exemplificando os tipos de metáforas, temos o seguinte: "tempo é dinheiro" (estrutural), "daqui pra frente, tudo vai ser diferente" (orientacional – os advérbios de lugar cá, aqui associam tempo com lugar); e "o tempo corre, o tempo voa" (ontológicas: o tempo é concebido como um objeto que corre e voa); ou ainda "os estragos, as destruições do tempo"[11].

O lançamento ou a projeção de um filme, isoladamente, ou como parte de um festival, de um congresso, seminário, curso, ciclo de palestras ou de um encontro de especialistas, é um evento, caso produza no público presente os resultados esperados. E seja complementada a projeção com *happenings* (presença de artistas, intelectuais, entrevistas, cenas inesperadas etc.), debates e manifestações variadas do público.

Um filme com tais características gera notícia e apresenta um grande impacto promocional. Isto ocorreu com o filme *A nuvem*, do diretor argentino Fernando Solanas. A força criativa que fez do filme um grande evento foi o uso de uma linguagem metafórica forte e convincente.

A metáfora utilizada é o uso da imagem de uma "nuvem que paira sobre Buenos Aires no filme, e que traduz a ideia de um país submerso, entregue aos rigores da ditadura, do militarismo e da repressão policial e da censura"[12]. O filme recebeu prêmios nos festivais de Gramado (Rio Grande do Sul) e Veneza (Itália).

A criatividade do diretor baseia-se também em outras expressões e imagens metafóricas, como, "a fotografia sombria e azulada, para significar tempos sombrios", e a inversão dos passos dos personagens que andam para trás no filme, uma alusão ao retrocesso político, econômico, social e cultural do país.

A criatividade do digital e do virtual: o caso do La Fura Dels Baus

O grupo catalão La Fura Dels Baus criou uma nova concepção de apresentação teatral – o "teatro digital" – aliado a uma nova estética, denominada "estética da violência".

A ideia de teatro digital compreende a digitalização de imagens como elemento dominante na virtualização do centro dramático, onde estão representados os atores reais.

A estes juntam-se, sob a forma de imagens digitalizadas, novos atores virtuais. Ambos se movem dentro de um cilindro móvel de alumínio e plástico de 12 metros de altura por seis de diâmetro.

Durante as apresentações do grupo predomina uma estética da violência, quando são atirados ao público objetos diversos e muita farinha. Para alguns críticos, trata-se de um "teatro de agressão".

Utilizando ambas vertentes de criação – o teatro digital e o teatro de agressão – o La Fura Dels Baus ganhou fama internacional.

Como demonstra o diagrama a seguir, foram estes os elementos criativos predominantes na renovação cenográfica e cênica produzidos pelo grupo teatral. Suas apresentações tornaram-se um grande espetáculo para o público.

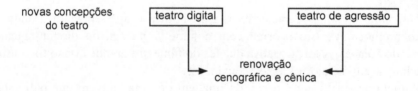

As estratégias criativas em eventos

O objetivo da concepção do teatro digital é, segundo o diretor teatral do grupo, Carlos Padrissa, "desenvolver um tipo novo de representação porque acreditamos que os atores não precisam estar todos no mesmo espaço de representação"[13].

É com base na dicotomia real-virtual que se desenvolve a nova concepção do grupo. Os atores reais contracenam com os atores virtuais (imagens digitalizadas) e estão simultaneamente no palco e na tela do computador.

A peça não é apenas uma peça teatral, mas um software, um programa.

Quanto ao trabalho de agressão, a inspiração veio dos grupos de teatro de rua, com suas apresentações ao ar livre e uma linguagem totalmente anárquica. O objetivo não é representar para o público, mas representar contra o público. Torná-lo parte do espetáculo, como alvo de gestos e movimentos dos atores, além de apresentar a violência no palco, de forma direta. O grupo lançou a primeira "ópera internauta" – *Dom Quixote em Barcelona* – em que predominam cenários virtuais, online, internet e presença física.

A criatividade da experimentação

Criatividade é transgressão e experimentação. É transgredir os padrões vigentes, as convenções atuais, e inovar, ousar. É também experimentar novas formas, abordagens, visões, por meio de novos modelos e conceitos.

O movimento de experimentação radical da arte brasileira, cujos principais expoentes são Lygia Clark, Hélio Oiticica, Amílcar de Castro, Décio Vieira e Reynaldo Jardim, seguiu esta tendência – a arte como experimentação.

A exposição *Lygia Clark*, realizada em julho de 2000, no Museu de Arte Moderna, no Rio de Janeiro, foi um evento criativo. Sua criatividade baseou-se nos próprios conceitos de arte da artista. Para ela, "objetos de arte só se completam na interatividade sensorial com o outro" e a obra somente se torna "uma obra de arte quando é experimentada como tal".

É, portanto, um novo conceito de arte que enfatiza as experiências de caráter sensorial. A premissa básica é: "todo trabalho artístico implica experimentação".

A exposição *Lygia Clark* é, portanto, um convite à experimentação.

O público é convidado a experimentar. Dividida em quatro blocos – Caminhando, Máscaras Sensoriais, Objetos e A Casa é o Corpo –, a exposição é rica de oportunidades de experimentação.

Na obra *Desenhe com o dedo* (1966), o visitante é estimulado a desenhar por meio da modulação da superfície de um saco plástico cheio de água. *Ping-Pong*

79

Criatividade em eventos

(1966), há um outro saco plástico com três bolas. Mexendo no saco as bolas se movimentam.

Em *Máscaras sensoriais* (1967), as pessoas podem utilizar máscaras com cores, cheiros e dispositivos que alteram a audição, e óculos que criam novas visões e perspectivas.

Em *Luvas sensoriais* (1968), usando vários tipos de luvas, as pessoas descobrem novas sensações com o ato de pegar.

Com óculos especiais, o público pode captar imagens diversas, na obra *Diálogo: óculos* (1968).

Em *A casa é o corpo* (1968), experimenta-se a sensação de entrar numa estrutura em forma de túnel.

Enfim, os objetos, apresentados como obras de arte, são do tipo "sensoriais" (máscaras, luvas, livros).

O público não apenas contempla as obras de Lygia Clark, mas experimenta, realiza experiências de caráter sensorial. Faz descobertas, vê novas formas, cria arte, percebe novas imagens, vivencia novos espaços de criação.

Uma nova concepção de arte, uma nova forma de expor objetos de arte, e um novo conceito de evento de arte. Contudo, não se cria impunemente. Há sempre críticas. Com Lygia Clark, não poderia ser diferente.

Seu maior crítico, Ferreira Gullar, é contundente ao analisar as obras da artista: "as obras em exposição são experimentais que estão fora do terreno da arte, fora de uma linguagem. São experiências de caráter sensorial"[14].

A criatividade da polêmica

Um evento não vale apenas pela sua unanimidade elogiosa. O sucesso pode vir por outros meios, e até mesmo por meio da polêmica.

É o caso da Bienal do Whitney Museum de Nova York que se tornou um evento famoso pelo ódio que desperta.

Como uma mostra de arte contemporânea, sua marca registrada sempre foram as controvérsias, a exaltação de ânimos, a reação crítica e, sobretudo, a polêmica. O evento já está em sua septuagésima edição.

A estratégia criativa do evento baseia-se nas seguintes ações e elementos:

a) criação de "conceitos supostamente explosivos" por meio de instalações e painéis que recriam fatos, fazem denúncias e reinventam obras clássicas;

b) *kitschinização* de obras, por meio do apelo ao grotesco;

c) uso de materiais repugnantes (lixo, detritos, excrementos, sucatas etc.) como adorno de monumentos, esculturas e quadros;

As estratégias criativas em eventos

d) banalização de temas e assuntos importantes e de problemas importantes;

e) uso de símbolos que denotam valores impróprios, como, fotos de ditadores, siglas de partidos e agremiações autoritárias, terroristas, fotos de delinquentes e marginais, cenas impróprias e tudo o mais.

Na Bienal de Whitney, a exposição Sensation exibiu uma pintura da Virgem Maria adornada com excrementos de elefante. E a obra *Sanitation* foi apresentada com símbolos nazistas e sons de botas marchando.

Uma de suas instalações era uma escada metálica em espiral que saía do chão e ia até o teto, com espelhos e vidros.

Um outro exemplo de criatividade da polêmica foi a récita da ópera *Ascensão e queda de Mahagonny* de Kurt Weill: tem como *piéce de scandale*, quatro mulheres completamente nuas no papel de prostitutas, que ficam em exposição durante os três atos da peça, além de um coro que realiza coreografias de sexo grupal e bebedeira.

A atriz espanhola Maria La Ribot abalou os alicerces da tradicional família mineira ao dançar quase nua em seu espetáculo *Más distinguidas*, durante o Festival Internacional de Dança, em Belo Horizonte.

A polêmica não se limitou apenas à sua quase nudez – usou um pequeno biquíni. Em sua apresentação, não havia quase música e tampouco dança. Eram exercícios de balé clássico, nada mais.

Em sua última cena, La Ribot usou um giz para riscar seu corpo. Desse gesto, inúmeras interpretações surgiram na plateia – um ato de revolta contra a cirurgia plástica, uma crítica à arte moderna, um apelo ao cultivo da beleza feminina *in natura*[15].

Com isso, a artista estimulou a discussão, gerou polêmica e contribuiu para o exercício de imaginação das pessoas presentes ao espetáculo.

A criatividade dos cenários

O cenário do evento pode ser escolhido sob três enfoques distintos: a escolha de um cenário natural, o uso do palco como cenário e a adoção de cenários reais.

De todos, o de maior impacto entre o público é o cenário real. O público sente-se participante direto da trama, da festa, pois revive os momentos reais que ali ocorreram.

Tal concepção geralmente aplica-se a representações teatrais e shows que relembram acontecimentos que marcaram época na história do país e do mundo.

Criatividade em eventos

A peça *Lembrar é resistir* foi apresentada nas dependências da antiga Delegacia de Ordem Política e Social, o terrível DOPS, tão atuante na época da ditadura militar.

O público anda de cela em cela acompanhando a performance dos artistas, que simulam situações de tortura física e mental às quais foram submetidos os presos políticos da época.

Ao som da música *Cálice* (Cale-se) de Chico Buarque e da declaração do poema "A Noite Dissolve os Homens", de Carlos Drummond de Andrade, a peça é apresentada em clima e atmosfera de profunda emoção.

A escolha de cenários naturais para a realização de eventos é outra estratégia criativa relevante.

Um evento que acontece num local aberto de grande beleza natural (praias, bosques, reserva florestal, lagos, lagoas etc.) ganha uma plasticidade de impressionante beleza e proporciona aos seus participantes uma sensação ímpar de alumbramento diante da paisagem, que constitui o cenário natural do evento.

Um outro exemplo de criatividade de cenário é a ópera *Writing to Vermeer*, um dos eventos de maior sucesso do Lincoln Center Festival de Nova York, em 2000.

Inspirado na criatividade do pintor holandês Johannes Vermeer, que pintava suas telas a partir da visão de um "mundo construído pela luz constituído de instantes do tempo", Peter Greenaway utiliza a multimídia para projetar imagens simultâneas na grande tela ao fundo do palco. É uma superposição alternada de seis telas de cinema e de uma tela transparente que separa a plateia dos atores.

Para representar as guerras contra a França, Inglaterra e Espanha que envolvia a Holanda no ano de 1672, período em que ocorre a história do texto da ópera, há "jorros de sangue e água despencando do teto", simbolizando sangue derramado nas guerras e abertura dos diques, uma estratégia utilizada pelos holandeses para sustar o avanço dos exércitos inimigos.

A criatividade das abordagens e visões

É difícil imaginar uma exposição de Picasso, com um novo tema, criativo, sugestivo, inovador e singular. O mestre da pintura já foi objeto de eventos os mais variados, cujas temáticas abordaram seus estilos, criações, obras, fases e vida pessoal.

Contudo, pode-se inovar sempre por meio da criatividade com base em novas abordagens e visões de um único tema, mesmo sendo Picasso.

As estratégias criativas em eventos

Portanto, um tema relevante, porém corriqueiro, pode ser objeto de visões e abordagens criativas, cujos produtos são novos eventos, com variações perceptíveis sobre o mesmo tema.

A exposição Picasso and the War Years: 1937-45 realizada em abril-maio de 1999, no Museu Guggenhein, é um exemplo de criatividade de abordagens e visões bem-sucedida.

O tema escolhido é Picasso, não suas obras, seus estilos e sua vida pessoal. Mas "a reação do artista aos eventos históricos da Guerra Civil Espanhola à ocupação nazista da França e sua libertação pelas tropas aliadas"[16].

São 75 pinturas, desenhos, gravuras e esculturas que demonstram o horror das guerras na visão maior do artista.

Sem *Guernica* (1937), que não sai do Museu do Prado, em Madri, o marco final da exposição foi a tela *The Charnel House*, de 1945, pintada por Picasso "quando o mundo soube da existência dos campos de concentração"[17].

A criatividade por meio da criação de novas estéticas

A criatividade na formulação de uma estética peculiar desponta em trabalhos e eventos que sobressaem pelo "olhar do seu organizador".

A fotógrafa Cláudia Jaguaribe, famosa pelos seus trabalhos Atletas do Brasil (1999) e O Corpo da Cidade (2000), é criativa porque utiliza um tipo singular de "olhar". Suas exposições tornam-se eventos muito criativos a partir da sua visão criativa de fatos e acontecimentos do cotidiano.

Ao retratar o Carnaval carioca, em sua exposição O Corpo da Cidade, desloca sua visão do desfile das escolas de samba para os bastidores do desfile. "Não estão interessadas no resultado, no desfile em si, mas no processo, nos signos, modelo e reações"[18].

Definido o objeto do seu trabalho fotográfico – os bastidores do desfile de Carnaval, Cláudia cria uma estética peculiar que consiste na apresentação de "imagens em superposição": "vejo na festa também uma superposição de elementos, de cores, de mistura de materiais".

Portanto, o seu objetivo de observação – os bastidores do Carnaval – demonstra o lado afetivo, emocional, da convivência familiar e da solidariedade do carnaval. Suas fotos mostram os verdadeiros artistas do carnaval, trabalhando em suas oficinas e os sambistas e ritmistas vivendo em suas casas.

A criatividade, além de temática, é também estética, pois Cláudia Jaguaribe utiliza a técnica de superposição de imagens, para manipular fotos.

Com isso, surge uma nova documentação do Carnaval. Sua exposição é um evento criativo, pois documenta essa nova visão do Carnaval e o faz usando uma nova técnica.

À semelhança do desfile de Carnaval, "sua exposição é uma procissão de imagens", "uma espécie de marcha do Carnaval, como uma procissão religiosa".

Em sua exposição-evento, as pessoas vão desfilando seus olhares e emoções pela passarela de fotos que vão se mostrando diante do público, numa procissão de emoções e afetos e numa sequência de fusão de imagens fantásticas.

É uma espécie de recriação do Carnaval, pois, para Jaguaribe, o que importa não é o viés antropológico ou sociológico, mas o prisma cultural da observação. Daí a sua visão peculiar do carnaval.

> (...) é a expressão mais contundente de arte popular no Brasil. No Rio de Janeiro esta expressão é resultado de um trabalho minucioso de milhares de pessoas que se organizam de forma singular. É uma cultura produzida a partir dos anseios, das ambiguidades e da força da cidade e de seus habitantes.
> O Carnaval gera um trabalho e um estilo de vida. Ele possibilita um sincretismo estético fugaz no tempo, mas profundamente transformador na vida dos seus participantes. É um caldo de emoções e de sensibilidades que exterioriza a relação das pessoas com a sua história, seus arquétipos e a sua cidade[19].

O objeto de observação é "o trabalho minucioso de milhares de pessoas", "seu estilo de vida", que preparam a festa. Suas emoções e sensibilidades.

Uma ideia bem diferente do lugar-comum dos desfiles, do exibicionismo das *socialites* e dos artistas globais, que fazem da passarela do samba um palco de vaidades e comportamentos patéticos.

A visão do Carnaval como "cultura produzida a partir dos anseios, das ambiguidades e da força da cidade e de seus habitantes" é determinante no sucesso da exposição-evento.

A criatividade da técnica

Nem sempre a força de espetáculo de um evento está na sua estética e nos seus movimentos. Em alguns casos, está nas técnicas utilizadas pelos seus protagonistas, sejam atores, músicos, desportistas ou artistas em geral.

No teatro, um bom exemplo de uso de técnicas criativas é o trabalho do dramaturgo irlandês Brian Friel. Ele criou uma técnica de interpretação que consiste no seguinte:

... três personagens envolvidas num mesmo enredo conversam sobre ele sem nunca se dirigirem umas às outras. São três narradores, cada qual com seu ponto de vista, apresentando uma mesma história vivenciada por todos eles, cada um a seu modo[20].

Esta técnica trouxe uma grande mudança na arte de interpretação teatral. Uma variação às técnicas usuais de diálogos, monólogos, solilóquios, muito comuns na arte teatral.

Outras técnicas surgiram, como a "triangulação", que consiste na conversa cruzada entre os atores envolvendo a plateia como parte do diálogo. É uma forma indireta de se dirigir à plateia. Eles, os atores, o fazem indiretamente ao conversarem.

A técnica mais comum ocorre quando o ator dirige-se diretamente à plateia. Ou ainda, quando ele finge que está envolvido com outro assunto.

A criatividade da reinvenção

O Ballet de Hamburgo, que tem em John Neumeier o seu principal idealizador, utiliza em suas montagens o que denominamos de "criatividade da reinvenção". Tornou-se famoso pelas suas recriações dos balés românticos, tais como *Quebra-Nozes*, *Romeu e Julieta* e muitos outros.

Ao recriá-los, Neumeier dá nova vida aos personagens, muda o desfecho, altera a história, atualiza os diálogos e a fala dos atores, cria novos cenários.

Por sua reinvenção da obra de Shakespeare, mesclando seus textos com técnicas circenses, comédia, mímica e canções populares, o grupo Galpão, de Minas Gerais, recebeu um convite especial para apresentar-se no palco do Shakespeares Globe, em sua versão 2000. Este convite foi uma espécie de premiação pelo desempenho do grupo nas adaptações para o teatro de rua da obra de Shakespeare. Em 1992 o grupo apresentou *Romeu e Julieta* em uma praça no centro de Ouro Preto (Minas Gerais). Em razão de seu sucesso, o grupo recebeu convites e apresentou-se em diversos festivais de teatro nos Estados Unidos e na Europa. O que na verdade realizou o grupo Galpão foi a adaptação da obra de Shakespeare para a cultura brasileira.

Um outro exemplo de reinvenção são as fotos de Edson Meirelles, que se concentram no registro do *design* popular: desenhos feitos em painéis da cidade, em muros, em placas de rua, bem como letras e frases escritas em barracas, carrocinhas de pipoca e de comida e em portas de lojas. O objetivo do artista é registrar sistematicamente as manifestações de *design* popular e demonstrar a verdadeira arte *naïf* com todas as suas nuanças.

Ao assim proceder, Meirelles reinventa a escrita e a arte popular dos grafites e desenhos de rua e resgata a sua importância como manifestação cultural. E também exalta o papel do artista gráfico popular em nossa cultura.

... o artista gráfico popular exprime o seu sentimento estético sem regras e sem barreiras, e o resultado é um *design* despido de tecnicismo conceitual, em que espaço e profundidade, altura e largura não têm a mínima importância. O que vale é a emoção e o sentimento, já que estamos falando de uma obra extremamente pessoal[21].

Assim, as manifestações populares do *design* são alçadas ao patamar do patrimônio cultural e das manifestações artísticas e, como afirma o próprio Meirelles, passam a constituir a base para o desenvolvimento do nosso próprio *design* gráfico.

A criatividade na definição de um calendário de eventos

Um exemplo de como gerar eventos a partir de uma única temática pode ser retirado da experiência francesa com o Terceiro Milênio/O Ano 2000.

O Ministério da Cultura da França nomeou uma comissão de notáveis para criar um calendário de eventos alusivos à temática do Terceiro Milênio.

A ideia de futuro, respaldada na temática do Terceiro Milênio, foi o fio condutor de todo o processo criativo de geração de eventos.

Foram definidas algumas premissas básicas para o exercício da criatividade em eventos, as quais enumeramos a seguir:

– todas as principais cidades francesas estariam representadas nas comemorações previstas;

– os eventos deveriam apresentar fatos e propor soluções para o novo milênio;

– os eventos deveriam estar voltados para as artes, tecnologia e lazer;

– a celebração dos eventos deveria unir-se à pesquisa, à arte e ao desejo de fornecer uma pequena lição sobre os feitos e fracassos da humanidade.

Definidas as premissas básicas, indispensável no ato de pensar o calendário de eventos, o passo seguinte foi a definição e escolha dos eventos.

Foram definidos os seguintes eventos:

– *exposições* em diversas cidades sobre temas distintos (em Bourdeaux, As Mutações Urbanas; em Toulouse, O Céu e o Espaço; em Nantes, O Futuro Segundo Júlio Verne etc.);

As estratégias criativas em eventos

- publicação de matérias na mídia sobre a temática Planos para 2000, por especialistas em diversas áreas do conhecimento;
- criação da biblioteca viva, por meio da realização de 365 conferências abertas e voltadas para o público não especializado (mais de duzentos encontros sobre Ciência e Tecnologia, além de outros sobre Ciências Humanas). Tais conferências serão gravadas em vídeo e depois exibidas na TV e reunidas em livros a serem vendidos ao público;
- criação do Monumento Vegetal (uma cerca com mais de dez mil árvores plantadas numa extensão de mil quilômetros, da cidade de Dunkerque, no norte da França, até Barcelona, na Espanha);
- realização do Almoço Comunal sobre a relva do monumento vegetal;
- realização da Mostra sobre Imaginação do Homem em Busca do Progresso, reunindo as mais visionárias invenções europeias (por exemplo, As Cidades Ideais, que apresenta soluções para os problemas de falta de moradia);
- criação do Museu Internacional da Arte Modesta – MIAM, com mostras e exposições de produtos criados desde o início do século;
- implantação da grande rede de informações – L'Humanoscope – em que circularão todos os dados sobre a miséria no planeta.

São eventos criativos, todos de acordo com a temática central – o Terceiro Milênio.

O tema foi analisado sob diversos ângulos: como *marco da história da humanidade* (daí a ênfase nos eventos que celebram as realizações do homem, como a Mostra sobre Imaginação do Homem em Busca do Progresso, o Museu Internacional da Arte Modesta, as exposições em Bourdeaux e Toulouse), como *projeção de um futuro melhor* (por exemplo, os Planos para 2000 e ou L'Humanoscope), e *como incentivo à pesquisa e à busca de novos conhecimentos* (o melhor exemplo é a Biblioteca Viva, com suas conferências e encontros).

O calendário compõe-se de eventos de vários tipos e natureza: sociais e lúdicos (Almoço Comunal), educacionais (Biblioteca Viva), de arte (exposições e mostras) e ecológicos (monumento vegetal).

Um outro aspecto relevante da criatividade de eventos dos franceses é a visão do ano 2000 como "um fetiche da história e da cultura". E como tal, capaz de criar novas e inúmeras oportunidades de reflexão sobre tudo o que já ocorreu na história da humanidade, e de projeção de um futuro melhor.

O gráfico a seguir ilustra as diversas etapas do pensamento criativo:

87

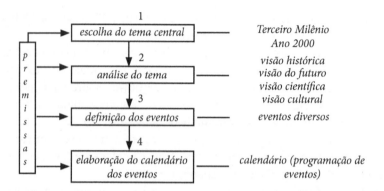

O próprio tema já é inovador. Traz em si a ideia de futuro, de história e de cultura. Pois quem está entrando no Terceiro Milênio tem desejo de fazer previsões sobre o futuro, tem esperanças de tempos melhores, assim como medo e ansiedade de um futuro incerto.

Uma abordagem pouco criativa seria, como muitos países fizeram, a realização de um megaevento nas comemorações do *Réveillon*.

Contudo, os franceses foram muito mais além. E pensaram criativamente o tema, dando-lhe novas interpretações.

Com as novas visões do tema (histórica, de futuro, cultural, científica), fruto de uma análise minuciosa, surgiram eventos inovadores dentro de uma perspectiva multifuncional e multissetorial.

A criatividade do tema

A criatividade de um evento já começa na escolha do seu tema. Há temas sociais, culturais, étnicos, históricos, místicos, futuristas.

Umberto Eco (1983: 16) fala de "passadização" e "presentificação" ao analisar a imaginação norte-americana de idealização do falso absoluto em seus museus, shows, exposições, parques temáticos e eventos.

A "passadização" é o processo de identificação com o passado, por meio de uma projeção ficcional-científica, pela qual são reconstruídos cenários de fatos históricos e é revivida sua atmosfera, com apresentações, representações e imagens.

A "presentificação", por sua vez, compreende o nivelamento do passado, a fusão cópia/original e o achatamento verdadeiro/falso e antigo/moderno. Tudo o que é

As estratégias criativas em eventos

passado apresenta-se como algo do presente, tamanha a simulação e a capacidade de criação de verdade absoluta.

Podemos falar também de "futurização" numa alusão à abordagem de temas futuros, de criação de cenários e de projetos futuristas.

Um outro caminho é a escolha dentre temas abstratos e concretos.

Um exemplo da preferência por temas concretos é a Companhia de Dança de Deborah Colker. Seus espetáculos *Rota* (1997), *Velox* (1995) e *Casa* (1999) utilizam temas concretos.

O concreto sempre surge por meio de espaços e uma combinação entre força e formas de ocupação do espaço. Foi assim com a roda-gigante, em *Rota*, de uma parede, em *Velox*, e de um esqueleto de casa, em *Casa*.

As construções do palco transmitem ideia do concreto e, ao mesmo tempo, servem de estímulo e apoio aos movimentos dos bailarinos, que misturam o clássico e o moderno.

A atualidade do tema é um outro recurso a ser utilizado na busca da criatividade temática do evento. A 3ª Mostra Petrobrás de Realidade Virtual, em junho de 2000, no Centro Cultural Cândido Mendes, no Rio de Janeiro, não poderia escolher tema mais atual – a virtualidade no cotidiano[22].

A exploração de temas étnicos é um outro filão a ser explorado no processo de criatividade temática de eventos.

A Expo-Afro – Feira Internacional da Cosmética, Moda e Cultura Afro-Brasileira, realizada em dezembro de 1999, no Rio Centro, soube explorar este filão de mercado – um total de oito milhões de pessoas com renda familiar acima de 2,3 mil reais, segundo dados do Instituto de Pesquisa Econômica e Aplicada – IPEA.

O evento ofereceu uma feira de produtos e serviços, shows e apresentações folclóricas da raça negra, *workshops*, cursos e palestras, apresentação de projetos sociais.

A criatividade dos temas baseia-se numa série de pensamentos dicotômicos, os quais apresentamos alguns exemplos a seguir:

Futuro	_____	Passado
Amor	_____	Ódio
Ficção	_____	Realidade
Riqueza	_____	Pobreza
Moderno	_____	Tradicional
Paz	_____	Guerra

Criatividade em eventos

A dicotomia futuro-passado é muito utilizada na definição de temas para eventos. Com a chegada do Terceiro Milênio, tudo indicava que haveria a supremacia temática do futuro em relação ao passado. Contudo, as evidências indicam o contrário.

Com a chegada do ano 2000, "o futuro saiu de moda e foi substituído pela Nostalgia"[23].

O Grand Palais, em Paris, realizou de abril a junho de 2000 a exposição 1900. No Brasil, as comemorações dos quinhentos anos do Descobrimento asseguraram o vigor da "onda de nostalgia", a supremacia do nosso passado histórico sobre o nosso futuro incerto. Além da Mostra do Descobrimento, outros eventos foram desenvolvidos com base nesta temática – 500 anos do Descobrimento.

É o caso da Mostra Brasil 500 Anos – Descobrimento e Colonização, realizado no período de março e abril de 2000, no Museu de Arte de São Paulo – MASP.

O amor já foi tema de peças de teatro, exposições, shows musicais. Em 1997, a revista *The New Yorker*, dedicou um número especial ao amor. Foram reportagens, entrevistas, poemas, seleção de cartas trocadas entre amantes. Na capa, um casal aos beijos, sob o olhar irônico do cupido.

Um tema oportuno, inovador, atual, polêmico é garantia de sucesso de qualquer evento. Vale lembrar que o marketing do evento já começa com a natureza e a relevância do tema escolhido.

A criatividade da colagem

O processo de colagem representa a fusão de dois ou mais elementos num único cenário ou montagem por meio de uma criação imaginária.

O espetáculo *O Jardim Io Io Ito Ito*, encenado pela companhia francesa Montalvo-Hervieu, apresentado no Teatro Municipal do Rio de Janeiro, em julho de 2000, mostrou-se um balé com colagem.

Utilizando elementos de multimídia, o evento expôs no palco imagens reais de bailarinos mesclados com imagens virtuais, de animais (peixes e pássaros).

Desta forma, o cenário foi composto de criaturas semi-humanas, um híbrido de humano e animal que faziam movimentos diversos.

Tais figuras híbridas eram parte de um "jardim imaginário", que remetem à colagem do surrealista Max Ernest, retratando homens e mulheres com cabeças de pássaros.

As estratégias criativas em eventos

A criatividade da colagem cria ilusões ao sobrepor, num único cenário, dois ou mais planos de imagens.

O objetivo é criar imagens múltiplas que dão origem a um novo universo, um espaço mítico, em alguns casos, e fantasmagórico, em outros.

Se o objeto é uma figura humana, a colagem visa adulterá-la por meio da anexação de outras imagens, sob diferentes planos. É transformá-la em objetos, animais, símbolos, cores e tudo o mais.

Para o público, tais inovações se traduzem num novo universo, num espaço criativo de múltiplas imagens e diferentes visões.

As colagens também criam ilusões de movimentos. Dão leveza a seres brutos, pesados e imóveis. Proporcionam flexibilidade a estruturas amorfas e imóveis. Transformam seres humanos em homens-pássaro, mulheres-borboleta, casas voadoras, instalações andantes.

Tais colagens se refletem na direção cênica do espetáculo, que ganha mais movimentação, ficção, imagem e imaginação.

Um evento que utiliza a criatividade de colagem ganha um novo cenário, aprofunda a visão do palco, gera novos estímulos, prende a atenção do público e faz um espetáculo.

A criatividade da modularização

A Mostra do Redescobrimento – Brasil 500 anos – apresentou o maior inventário artístico brasileiro já realizado em nosso país. Foram 15 mil peças, entre quadros, esculturas, instalações, utilitários e antiguidades.

É um verdadeiro painel cronológico da nossa história cultural. A temática – Redescobrimento do Brasil – é dividida em diversos segmentos: pré-história brasileira, barroco, arte acadêmica, arte moderna, arte contemporânea, arte indígena, arte afro-brasileira, arte popular e as obras dos internos em asilos psiquiátricos.

Com tal diversidade de subtemas, a mostra foi dividida em módulos, cada um deles destinado a um tema específico.

A concepção modular do evento teve origem na ideia de Mário Pedrosa de construção de um "Museu das Origens", um prédio com cinco núcleos destinados ao índio, ao negro, ao inconsciente, à arte moderna e às artes populares.

Cada módulo, e foram 13 ao todo, é um segmento da mostra. O destaque é para o módulo O Olhar Distante, cujo objetivo é demonstrar a visão dos artistas estrangeiros do país, desde o período colonial.

Criatividade em eventos

O cenário é colossal – 25 árvores de gesso e fibra criam a ilusão de uma floresta tropical.

O módulo Artes Indígenas tem um acervo admirável, com objetos de plumas e de cerâmica, máscaras e objetos rituais. Como cenário, teve 12 toneladas de sementes diversas, espalhadas ao chão.

No módulo Arqueologia, foi construída uma "oca", com a reprodução de um ambiente de 15 mil anos atrás.

No subsolo está o módulo Arte do século xix, com uma construção neoclássica, dispondo de átrio central e detalhes arquitetônicos em ruínas, além de gravuras, esculturas e pinturas.

Nos módulos Arte Moderna e Arte Contemporânea predominam os grandes painéis.

A modularização é um recurso didático-pedagógico a serviço dos visitantes. Ajuda-os, como leigos em sua grande maioria, a entender o tema e o conceito da mostra (respectivamente, "redescobrimento" e "visão que os artistas estrangeiros têm tido do país, desde os tempos coloniais").

Cada módulo, com sua curadoria, é um espaço temático a ser explorado. Com isso, aumenta o potencial de criatividade e imaginação do evento. E, para o público, aumentam as atrações.

A criatividade da simulação

A Volkswagen alemã inaugurou em junho de 2000 a Cidade dos Automóveis, próxima à sua sede, na cidade de Wolfsburgo, na Alemanha.

Com investimentos de quatrocentos milhões de dólares, a empresa criou um centro de entretenimento com a temática do mundo dos automóveis; o único do gênero em todo o mundo.

O preço do ingresso é irrisório – cerca de R$ 0,10 – propositalmente baixo, para atrair milhões de visitantes.

O centro de entretenimento é composto de diversas atrações. A principal é o simulador de direção. Nele, você pode dirigir um carro da Volkswagen por meio de um simulador.

Além do simulador de direção, existem outros simuladores. Por exemplo, o simulador de projeção de um novo modelo de carro no computador. Utilizando-o, você é capaz de criar no computador um modelo de carro de acordo com suas preferências, gostos e possibilidades financeiras.

92

As estratégias criativas em eventos

Em seguida, se assim o desejar, você pode acompanhar a sua produção por meio de um simulador de produção.

Com tais simulações, a Volkswagen espera transformar os visitantes da Cidade dos Automóveis em clientes da empresa. A expectativa é de venda de mais de mil carros por dia, para uma média de um milhão de visitantes por ano.

Para aqueles que compram o carro, novos eventos estão programados. A cerimônia de entrega do carro e a realização de um tour pela fábrica são exemplos desses eventos.

O próprio encaminhamento do carro até o local da cerimônia de entrega já é um evento-espetáculo. O carro sai da fábrica por meio de um túnel com vidros transparentes que o transporta até o local onde se encontra o seu feliz proprietário, ali reunido com a família e amigos, todos ansiosos para festejar a sua compra.

A estratégia da empresa é utilizar eventos para vender seus produtos. São eventos que objetivam "encantar o cliente" e dar-lhe a sensação de que seu produto é individualizado, customizado, feito para ele, segundo suas preferências, gostos e necessidades.

A simulação é total. Inicialmente, o encantamento, em seguida a criação do modelo/projeto, depois a produção e, finalmente, a entrega do produto.

Cada etapa é impulsionada por um ou mais eventos, cuja principal técnica é a simulação.

São eventos que simulam diversão, projeto, produção, entrega e uso do produto. O real é o produto e seu preço.

A criatividade no uso de eventos como estratégia de marketing e de mercado

Eventos são mídias interativas. E, como tais, servem de estratégias de penetração e desenvolvimento de mercados.

A Hollywood, com seus eventos de Motocross e Vela, foi uma das marcas pioneiras no Brasil a descobrir esse filão. Cada etapa do Hollywood Motocross e Vela era cuidadosamente analisada pelos analistas de mercado da empresa. Os mercados fracos, que apresentavam maiores potenciais de crescimento para os produtos da marca, eram escolhidos como sedes dos eventos.

A Secretaria de Turismo do Rio Grande do Norte – SETUR elaborou um plano de marketing turístico, com investimentos previstos de três milhões de reais, o que representa um gasto de dois reais por turista.

A SETUR fez uma parceira com a Associação Brasileira de Agentes de Viagens – ABAV – para a realização de um calendário de eventos promocionais do Estado.

O objetivo é promover o turismo potiguar e captar turistas em seus locais de origem.

Estão previstos 32 eventos entre feiras, *workshops*, semanas gastronômicas, festivais, projeções de vídeos, palestras e seminários.

A meta a ser alcançada é "trazer para o estado mais de cem mil turistas em 2000 em relação a 1999"[24].

Apresentamos a seguir um quadro definindo as principais características do evento como estratégia de marketing e de mercado:

Características básicas
Como mídia itinerante permite a entrada em novos mercados.
Alto impacto promocional com elevada atratividade entre o público.
Alavanca promoção de marcas e produtos.
É utilizada para fidelizar clientes, conquistar novos clientes e assegurar sua lealdade.

Como mídia itinerante, o evento fortalece a presença do promotor e do patrocinador em mercados atuais e futuros.

Tem alto impacto promocional, pois promove entretenimento e lazer para as pessoas e atrai a mídia local e regional. Se bem realizado, o evento atrai o público, que pode ser segmentado com base nas características do evento.

Como instrumento de marketing, o evento promove a marca e os produtos de seus patrocinadores e é também utilizado para manter os clientes atuais, conquistar, fidelizar e obter a lealdade dos novos clientes.

A SETUR inovou no uso de eventos como estratégia de marketing e de mercado. Em vez de realizá-los no próprio estado, optou por desenvolvê-los nos pontos de origem dos turistas. Ou seja, em termos de focos de mercados, sua estratégia foi inovadora ao escolher como "lócus dos eventos" os mercados fornecedores (locais de moradia e origem dos turistas) e não o mercado consumidor (o estado do Rio Grande do Norte).

A criatividade na captação de eventos

Uma estratégia de captação de eventos bem-sucedida se traduz na elaboração de um calendário de eventos de sucesso, capaz de promover o crescimento da cidade-sede.

Como desenvolver esta estratégia? Em primeiro lugar, a criação de um arcabouço institucional – Secretaria de Turismo, Convention Bureau etc. –, que deverá escolher o setor de atividades – turismo, ecologia, esportes, cultura, lazer e entretenimento – e pensar as ações de fomento do turismo local.

Há cidades que se especializam em turismo de negócios, esportivo, cultural, ecológico, religioso, gastronômico e esotérico, além de outras especialidades menos conhecidas.

Com isso, escolhem como área de atuação dois temas ou setores correlatos – turismo-esporte, turismo-cultura, turismo-ecologia etc. – e se especializam em nichos de captação de eventos.

Este é o segundo passo – a escolha do nicho de captação de eventos. Como exemplo temos São Paulo, que optou pelo nicho de turismo de negócios; Curitiba, pelo turismo cultural; Rio de Janeiro, pelo turismo de negócios, cultural e esportivo; Brasília, pelo turismo esotérico e de negócios.

Em seguida, a cidade deve promover ações de investimento dos empresários locais ou daqueles que desejam investir no local. São investimentos em infraestrutura de apoio logístico aos turistas, como ampliação da rede hoteleira, construção e ampliação de centros de convenções.

Mas os investimentos não devem ser restritos a hotéis, pousadas e centros de convenções. É necessário estendê-los às áreas de lazer e entretenimento e promovê-los como pontos turísticos.

Além dos investimentos, cabe ao poder público local promover o associativismo, isto é, incentivar associações dos empresários locais para que obtenham sinergia em seus empreendimentos com o objetivo de assegurar a prestação de melhores serviços aos turistas.

É dever do poder público local também assegurar o bom funcionamento de uma infraestrutura de segurança, meio ambiente, transporte e educação, por meio de parcerias e convênios com empresas, escolas, universidades e sindicatos locais.

O comércio local e o setor de serviços devem ser objetos de ações promocionais de incentivo por meio da criação de campanhas de bom atendimento ao turista, descontos especiais, concursos e premiações.

O quadro a seguir apresenta o elenco de ações estratégicas de captação de eventos:

Elenco de ações	
Montagem do arcabouço institucional	Fomento ao associativismo e empreendedorismo locais
Escolha de temas e setores	
Definição dos nichos de captação de eventos	Investimentos em segurança, meio ambiente, transporte e educação
Fomento ao empreendedorismo (investimento na rede hoteleira e Centros de Convenções)	
Fomento à criação e divulgação de pontos turísticos	Desenvolvimento de campanhas promocionais e de divulgação

A criatividade na captação de eventos depende de três fatores-chave:
a) identificação da vocação turística do local ou região: de negócios, cultural, esportivo, ecológico, gastronômico, religioso, esotérico;
b) ações de fomento ao associativismo e empreendedorismo locais;
c) ações de sustentabilidade dos eventos, que devem gerar receitas diretas e indiretas superiores aos investimentos públicos e privados, definido um período de maturação e viabilidade dos negócios desenvolvidos no local, e dos empreendimentos industriais, comerciais e de serviços.

É a vocação turística o fator determinante do processo de captação de eventos. Ela pode ser natural ou induzida. Uma cidade com praias bonitas tem uma vocação natural para eventos de massa, de rua, carnavais, festas populares e esportes náuticos e de praia.

Cidades interioranas e de serra são propícias para eventos de artes, festivais culturais e esportes radicais.

Cidades históricas devem investir no turismo histórico e preservar seus monumentos, culturais e religiosos. E realizar eventos culturais que preservam suas tradições.

As estratégias criativas em eventos

Notas

[1] Márcio Padrão. "Garanhuns em clima de Festival de Inverno", *Gazeta Mercantil*, Gazeta do Nordeste, 13/7/00, p. 5.

[2] "Passos surrealistas no Municipal", *Gazeta Mercantil*, Caderno RioCultura, 03/7/00, p. 2.

[3] Sonia Cerqueira, Fábio Brisolla e Gustavo Autran. "Os donos da Festa", *Veja*, 10/5/00, p. 13.

[4] Mônica Riani. "Moda ganha espaço e prêmio", *Gazeta Mercantil*, Caderno RioCultura, 26/6/00, p. 4.

[5] Idem, p. 4.

[6] Anderson Gurgel. "São Paulo desponta como centro de negócios esportivos", *Gazeta Mercantil*, 13/7/00, p. C8.

[7] Gilberto de Abreu. "Um mirante sobre o Rio", *Jornal do Brasil*, Caderno B, 10/6/00, p. 1.

[8] Idem, p. 1.

[9] "O anel das montagens de Bayreuth", *Gazeta Mercantil*, Caderno Fim de Semana, 23 e 24/8/97, p. 9.

[10] Idem, p. 9.

[11] Eunice Pontes (org.). "O continuum língua oral e língua escrita: por uma nova concepção do ensino", Campinas: Unicamp, p. 37-38.

[12] Orlando Margarido. "O Guerreiro da América Latina", *Gazeta Mercantil*, Caderno Fim de Semana, 21 e 22/8/99, p. 7.

[13] Luis Antônio Giron. "La Fura Dels Baus na meia-idade", *Gazeta Mercantil*, Caderno Fim de Semana, 21 e 22/8/99, p. 11.

[14] Denise Lopes. "O mundo sensorial de Lygia Clark", *Gazeta Mercantil*, Caderno Rio Cultura, 1 a 2/7/00, p. 1.

[15] Flávia Fontes. "Festival de teoria", *Gazeta Mercantil*, 15 e 16/7/00, p. 17.

[16] Sonia Nolasco. "Os infernos de Picasso", *Gazeta Mercantil*, 6 e 7/3/99, p. 8.

[17] Idem, p. 8.

[18] Mônica Riani. "Radiografia do Carnaval", *Gazeta Mercantil*, 29/6/00, p. 1.

[19] "Uma festa vista pela lente da sensibilidade", *Gazeta Mercantil*, 29/6/00, p. 1.

[20] Maria Lúcia Candeias. "O brilho do inusitado", *Gazeta Mercantil*, 1 e 2/4/00, p. 6.

[21] Adélia Borges. "Um caçador de letras", *Gazeta Mercantil*, 22 e 23/7/00, p. 19.

[22] Alfredo Boneff. "Tecnologia da criação", *Gazeta Mercantil*, RioCultura, 15/6/00, p. 1.

[23] Marcelo Rezende. "A audácia ornamental dos 1900", *Gazeta Mercantil*, Caderno Fim de Semana, 8 e 9/4/00, p. 10.

[24] Aloísio Pontes. "RN investe R$ 3 milhões para incentivar o turismo", *Gazeta Mercantil*, 11/7/00, p. 1.

As novas tendências
na promoção de eventos

A era dos eventos temáticos
e dos megaeventos de entretenimento

Tem início uma nova era de diversão. A era dos eventos temáticos e dos megaeventos de entretenimento.

Muitos os denominam "eventos temáticos" ou eventos do tipo parque de diversões. Com investimentos de milhões, renasce o Rock in Rio, nascido em 1985, no embalo dos sons da época. Trata-se do evento Rock in Rio III, previsto para 2001, e cujas instalações já começam a ser definidas e montadas.

Numa área de 250 metros quadrados, próxima ao Rio Centro, na Barra da Tijuca, serão construídas as seguintes instalações: palco principal, quatro tendas para shows, um *cyber space*, quatro praças de alimentação, dois shopping centers com cinquenta lojas, duas áreas VIPs climatizadas para mil pessoas cada e um centro de imprensa, para setecentos jornalistas.

Um novo tema foi acrescido ao nome do evento – Rock in Rio por um Mundo Melhor.

Analisando-se a cadeia geradora de valor do megaevento, temos o seguinte:

Nível um – venda de ingressos (sem preço definido) para mais de 15 mil pessoas;

Nível dois – vendas nas lojas (não estimado);

Nível três – vendas nas praças de alimentação (não estimado);

Nível quatro – movimento de turistas na cidade (viagens, hospedagens, alimentação, serviço, compras em geral);

Nível cinco – geração de empregos (mil operários já trabalham nas obras e somente na praça de alimentação serão criados 1,2 mil empre-gos diretos).

Criatividade em eventos

A criatividade do evento baseia-se na ideia original do Rock in Rio I – ou seja, a criação de espaços de consumo. Desta vez, maior e mais diversificado, com a inclusão de praças de alimentação e da criação de dois shopping centers. Quanto à área de lazer, temos o pátio em frente ao palco, e o *cyber café.*

Na área social, o evento dá um grande show. Destinou verbas para os projetos de ensino fundamental para jovens de 15 a 29 anos, do Movimento Viva Rio e Fundação Roberto Marinho, e o projeto de educação para informática, em parceria com o UOL, que cedeu 150 computadores, para crianças e jovens de comunidade carentes.

O evento ainda vai destinar 5% de toda a sua arrecadação para programas sociais do Viva Rio e Comunidade Solidária.

O tema da paz também não será esquecido. Será objeto de palestras, conferências e cursos.

Se o tema *Rock* pode ser visto como algo fora de moda, a extensão do tema para Rock in Rio reverte este viés, pois todos os eventos que ocorrem na cidade maravilhosa são "in".

Como se não bastasse, a nova versão do evento compreende uma extensão da marca ainda maior – Rock in Rio por um Mundo Melhor. É a temática final do evento que lhe atribui um tom de desafio, uma dimensão de busca da paz e da liberdade. Os ares da contracultura – sexo, drogas e rock – dá lugar ao marketing da paz.

O impacto das tecnologias digitais

Quando Bill T. Jones, famoso coreógrafo americano, em recente entrevista a Julia Lyon, para o *City Search* NYC, falou da mais importante revolução das performances ao vivo em eventos de dança e teatro, surgia um novo paradigma na administração de eventos dessa natureza.

... estamos às portas de um mundo completamente novo e eu estou aberto para ele. Estou constantemente procurando novas maneiras de expandir as possibilidades de minhas performances, assim como as de minha companhia. Para mim, o resultado final de qualquer arte é transmitir algo que seja poético e metafórico. E, se as novas tecnologias me ajudarem nesta direção, estou muito interessado nelas[1].

Jones fala de um mundo novo, onde as tecnologias de computação interativa ("sofisticados métodos de detecção de movimento e sensores que acionam mudanças no ambiente de cena") introduzem uma nova dinâmica ao ambiente do

As novas tendências na promoção de eventos

evento e, sobretudo, à performance dos atores, que são os principais protagonistas do evento.

A criatividade do evento desloca-se da temática para o ambiente e a performance e cujas principais mudanças são as seguintes:

a) *ampliação da linguagem cênica*, com a fragmentação e movimentação dos corpos dos artistas por meios diversos (por exemplo, uso de sensores acionados pela luz, câmeras ópticas, *motion capture*, técnicas de projeção com imagens em tamanho natural dos atores etc.),

b) surgimento de *performances interdisciplinares*, eliminando as fronteiras entre teatro, dança e artes visuais, e que produzem espetáculos instigantes e dinâmicos, pois os diversos meios – dança, filme/vídeo, som, cenografia, textos, luz, etc. – se unem e formam um ambiente inovador para o público que assiste ao evento[2];

c) desenvolvimento de performances interativas, modificando-se as relações entre os atores e a plateia.

O fator-chave para emergência desse novo paradigma na concepção e organização de eventos de música, dança e teatro são os novos softwares – *lifeforms*[3] e *dance notation*[4].

Os papéis e funções diferenciados, antes restritos a coreógrafos, artistas, técnicos e compositores, ganham unicidade e passam a ser prerrogativas do próprio protagonista do espetáculo. O artista – músico, bailarino ou ator –, dispondo de sensores de *motion capture* instalados em seu corpo, pode controlar nas apresentações ao vivo as dinâmicas cênicas de som, luz e imagens.

O envolvimento do público com o evento torna-se maior e mais complexo. De simples espectador passivo, o público interage com o evento, desde a sua criação até a sua performance final.

Durante a criação do espetáculo *Ghazal*, a Companhia Regina Miranda e Atores Bailarinos discutiu a temática e os movimentos do evento com diversos especialistas e aficionados da dança via Iiternet. E os internautas assistiram aos ensaios pela rede.

Esta é uma outra característica desse novo paradigma: amplia-se o ambiente e o público do evento que se mantém em contato com a equipe gestora do evento por meio de transações interativas na internet.

A seguir, apresentamos um gráfico que contém os principais focos das mudanças produzidas pelos softwares de computação interativa na criação, organização e desenvolvimento de eventos de dança, música e teatro.

São três os elementos-chave desse novo modelo: o ambiente, a performance e os meios.

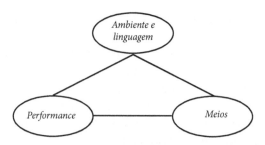

O *ambiente* expandiu-se do próprio lugar do evento para as telas dos computadores dos internautas. A linguagem, com os novos movimentos, também se enriqueceu com as inúmeras possibilidades de imagens e movimentos virtuais disponibilizados nos telões existentes no próprio palco e local do evento.

A *performance* dos atores ganhou um caráter mais híbrido, além de maior interatividade e interdisciplinaridade.

E, finalmente, os *meios tecnológicos* disponíveis, que são os softwares, responsáveis pela maior riqueza e variedade dos movimentos, a tal ponto que um único artista no palco pode acionar diversas imagens de si mesmo em diferentes movimentos, num único telão ou em diversos outros dispostos no palco do evento.

Os meios afetam as performances e o ambiente do evento. Estes, por sua vez, criam novas funcionalidades para as tecnologias disponíveis e ensejam novas mudanças tecnológicas.

O quadro a seguir apresenta as principais características deste novo paradigma:

Elementos	Descrição	Ideia-base
Ambiente	Interativo	Interatividade
Linguagem	Ampliada	Ampliação
Performance	Interdisciplinar	Interdisciplinaridade
Espaço	Ampliado e dotado	Ampliação e nova dimensão dimensionalidade
Dinâmicas cênicas	Uso de conjunto de som, luz e imagem pelo próprio artista	Totalidade
Movimentos	Usos múltiplos de movimentos e partes do corpo	Multiplicidade

As novas tendências na promoção de eventos

As mudanças são resumidas na sequência das palavras-chave: interatividade, ampliação, interdisciplinaridade, dimensionalidade, totalidade e multiplicidade.

Portanto, o processo criativo de concepção, desenvolvimento e organização do evento compõe-se dos seguintes desafios: criar interatividade e interdisciplinaridade no evento, ampliar e enriquecer a linguagem cênica e o espaço e criar mais movimentos variados.

São estas, portanto, as novas dimensões da criatividade de um evento:

De	Para
Baixa interatividade	Alta interatividade
Baixa interdisciplinaridade	Alta interdisciplinaridade
Performance artística	Performance cênica
Espaço restrito	Espaço ampliado
Poucos movimentos e imagens	Movimentos e imagens múltiplos
Linguagem restrita	Linguagem ampliada

Assim, podemos definir um evento criativo, como um evento de alta interatividade (há diversas interações envolvendo os artistas e o público), de alta interdisciplinaridade (ou multifuncionalidade, com integração total entre a dança, a música, o teatro), de performance cênica (uso diversificado de recursos da dança, da música, do teatro, com base nas tecnologias modernas), com espaço ampliado (cuja performance transcende o espetáculo no palco), de riqueza de movimentos e imagens (usos e aplicações dos novos softwares) e dotado de linguagem ampliada (que inclui palavras, movimentos, gestos, imagens).

Analisando tais dimensões, podemos direcionar o nosso processo criativo para as questões a seguir:

- Como proporcionar mais interatividade e interdisciplinaridade aos nos-sos eventos?
- Como transformar a performance dos protagonistas do evento em performance cênica?
- Como ampliar o espaço do evento?
- Como criar novos e variados movimentos e imagens para o evento?

Criatividade em eventos

– Como ampliar a sua linguagem?

Para cada pergunta, devem surgir respostas sob a forma de ações criativas, que se dividem nas seguintes categorias:

a) *ações de interatividade*, cujo objetivo é definir novas formas de relação do público com o evento (por exemplo, com o público presente ao evento, realizar promoções tais como torcidas organizadas, cuponagem, concursos, premiações; no caso do público virtual, por meio de opções de digitalização de imagens, *clips*, *slow motion* dos melhores momentos, reprises, *chats* etc.);

b) *ações de interdisciplinaridade*, por meio da inserção de diversos meios no espetáculo, misturando-se som, luz, texto, imagens;

c) *ações cênicas*, que consistem na ampliação da linguagem, na fragmentação dos movimentos e na criação de novas imagens projetadas em telão;

d) *ações de ampliação do espaço do evento*, com novas criações coreográficas para o espetáculo e criação de sites do evento com acesso via internet para o público;

e) *ações de criação de novos movimentos e imagens* usando tecnologias interativas (novos softwares);

f) *ações de ampliação da linguagem*, pela incorporação de linguagens de outros segmentos, como teatro, música, dança etc. e da quebra de fronteiras entre as diversas artes e segmentos (social, esportivo, cultural etc.),

Com tais ações, fecha-se o ciclo do processo criativo referente à concepção do evento em sua totalidade que se baseia nos seguintes elementos: focos de mudança (ambiente e linguagem, performance e meios), dimensões da criatividade e ações criativas.

A polêmica em torno
da espetacularização dos eventos de arte

A grandiosidade dos cenários da Mostra do Redescobrimento, realizado em São Paulo, despertou grande polêmica entre os adeptos e os críticos dos enormes cenários em eventos dessa natureza.

Dentre os críticos da espetacularização dos eventos, predomina a busca da visualização perfeita das obras de arte. O que implica o uso de elementos discretos na montagem dos cenários e da iluminação tendo como objeto de contemplação das obras expostas.

Moacir Toledo, idealizador da exposição de Amélia Toledo, na Galeria do Sesi, é um desses críticos ortodoxos. Para ele, "o que fizeram no módulo Arte Indígena da Mostra dos 500 Anos acabou empobrecendo a arte dos índios"[5].

Haron Cohen, responsável pela 18ª Bienal da Arte Internacional, em 1985, e pela exposição Brasil dos Viajantes, em meados de 1990, também faz críticas pesadas. "Não é preciso flores, nem árvores. A divisão correta do espaço e a luz determinam melhor as coisas"[6]. Tais críticas têm endereço certo: a Mostra do Redescobrimento.

Os adeptos da espetacularização defendem as montagens inovadoras e sofisticadas, os ambientes excessivamente ornamentados, o uso de alegorias como forma de atrair o público.

O quadro a seguir apresenta as principais estratégias e técnicas de espetacularização de eventos:

Estratégias	Técnicas
Criação de megaeventos divididos em espaços temáticos diversos	Uso de enormes cenários
Mesclagem de padrões museológicos e cenográficos	Divisão do ambiente em salas com cenários diversos
Criação de alegorias em torno das obras	Uso de técnicas de iluminação, acrílico
Criação de efeitos especiais	Uso de técnicas de iluminação (filtros, corredores de luz, neon)
Projeções de imagens e vídeos cruzados	Uso de recursos de multimídia
Ambientalização da época	Uso de técnicas de decoração e montagem de cenários

O objetivo é "encantar os espectadores com uma montagem sofisticada, sem impedir a visualização das obras"[7].

Às vezes, o espetáculo não está no desempenho dos protagonistas do evento, mas de seus figurantes, cenário e plateia. Não apenas na obra, mas no "entorno da obra".

A pioneira dos trabalhos de espetacularização de eventos é a arquiteta Lina Bo Bardi, que, na década de 1950, tornou-se famosa pelas suas montagens criativas. Em sua exposição Bahia no Ibirapuera, realizada em 1959, em São Paulo, "espalhou folhas de eucalipto pelo chão e serviu acarajé ao então presidente Juscelino Kubitschek"[8].

A polêmica mal começou. De um lado os adeptos dos grandes cenários que visualizam os eventos como verdadeiros parques temáticos e de diversão.

Criatividade em eventos

Para eles, os cenários elaborados são recursos de fundamental importância para atrair o grande público.

Como seus opositores, estão os museólogos puristas que acham indispensável preservar a obra de arte. Colocá-la à vista do público sem quaisquer adornos e elementos decorativos e cenários deslumbrantes. Até mesmo a iluminação deve ser cautelosa, segundo tais puristas, pois não deve ofuscar as cores e o próprio brilho da obra de arte.

São as seguintes as características desses eventos espetaculares:

a) escolha de gêneros estéticos variados (pintura, escultura, vídeo, filmes, literatura etc.);
b) grande ênfase nas instalações e nos vídeos;
c) valorização do conjunto da obra em detrimento de cada trabalho específico;
d) uso de painéis em proporções enormes, distribuídos em várias salas e galpões e construídos por meio do uso de diversas técnicas.

Na exposição O Limite da Consciência, realizada no SESC Pompeia, em São Paulo, em novembro de 1998, tais características eram predominantes.

Havia uma grande caixa de madeira com luzes gritando "help" logo na entrada da exposição, bem como um painel que dividia o mundo em duas partes em formato de coração, intitulada "o todo". Havia também um outro painel denominado mãos do mundo, com três imagens sobre um fundo preto: duas mãos se tocando, um rosto deitado sobre duas mãos, e um rosto coberto por uma mão semiaberta. A exposição também contava com um grande painel de fotografia, além de um imenso globo terrestre, com uma Bíblia no centro, com imagens sacras espalhadas pela superfície e restos de arroz cozido e uma calda branca de aspecto repugnante. Sobre o globo, voavam borboletas com formatos de revólveres de papel.

Chegou a hora dos eventos virtuais

Chegaram os eventos virtuais. São feiras de negócios exclusivamente virtuais que disponibilizam sites e *links* para uma vasta clientela de internautas. Diferem das feiras físicas do tipo convencional, porque não dispõem de espaços físicos como estandes e pavilhões demonstrando e vendendo produtos.

O maior diferencial dos eventos virtuais, segundo o diretor da SEMCONET, Marcus Granadeiro Corrêa, "é que a duração das feiras ultrapassa a agenda normal, mantendo-se no ar na maioria das vezes por doze meses, renovando-se na edição do ano seguinte"[9].

São inúmeras as vantagens das feiras virtuais em relação às feiras tradicionais de produtos e serviços:

a) permitem acesso a visitantes que não puderam estar presentes;
b) o acesso é rápido e ilimitado;
c) a participação em conferências é por meio de *chats*;
d) os negócios podem ser fechados ao longo do ano;
e) as mudanças nos estandes podem ser frequentes;
f) permitem a circulação de até trinta mil visitantes pelos pavilhões e estandes virtuais

Para Eduardo Moreira da Costa, do grupo NetBoston, "os eventos virtuais constituem um dos ramos mais promissores da internet"[10].

O avanço tecnológico atual já permite a criação e o desenvolvimento de feiras tridimensionais na Web.

As perspectivas são tão promissoras que já se pensa em evoluir do site para um portal, agregando várias entidades promotoras de eventos.

E, finalmente, convém lembrar que eventos virtuais são processos distintos da criação de sites para eventos reais.

A "entretenização" dos eventos

Eventos de negócios tornam-se eventos de entretenimento. É o que podemos denominar "entretenização" de eventos, a mais nova tendência no campo da promoção e marketing de eventos.

Um exemplo desse fenômeno foi a 14ª Fenasoft, realizada em São Paulo, em julho de 2000. Tradicionalmente, uma feira de negócios de informática e de telecomunicações, a Fenasoft sucumbiu diante da força da indústria do entretenimento.

Para atrair a atenção dos visitantes, os estandes das empresas tornaram-se verdadeiros miniparques de diversão. O site da Rede Globo atraiu muitas pessoas com suas promoções, distribuição de brindes, jogos de computador e de um imenso videogame. O América Futebol Clube, tradicional clube do Rio de Janeiro, instalou-se num estande e vendeu sua marca. A cidade paulista de Itu divulgou os seus pontos turísticos por meio da projeção de vídeo. No cassino *online* Royal Dinasty todos podiam fazer suas apostas.

Com a "entretenização", os eventos sofrem profundas alterações em sua natureza e escopo. De eventos para um público restrito tornam-se eventos para um público numeroso e diversificado. De eventos fechados para expositores de produtos e serviços dos ramos de atividades específicos, tornam-se eventos democratizados e abertos a quaisquer expositores. A ênfase em produtos dá lugar à ênfase em diversão.

A valorização da experiência estética: os eventos abertos de arte

A arte é de fundamental importância na vida das pessoas. Infelizmente, seu uso é restrito e mais ainda o seu consumo nas sociedades atuais. A contemplação e a criação da arte é privilégio de uma minoria de artistas e pessoas cultas.

Isto ocorre em razão da falta de recursos financeiros, da pobreza espiritual, da falência do sistema educacional e da banalização das artes imposta pela modernização globalizante de nossos dias. Tudo é arte e, como consequência, quando surge a verdadeira arte, esta é minimizada e pouco divulgada, permanecendo restrita a aqueles que possam pagar ingressos para exposições, festivais e encenações.

Quando vamos a uma exposição de arte temos duas opções: contemplar a beleza da arte ali exposta ou vivenciar a experiência estética de forma mais ampla. O que podemos observar como uma das mais novas tendências no mundo dos eventos de arte é a substituição da contemplação da estética da arte pela valorização da experiência estética.

As salas fechadas dos museus e centros de cultura, artificialmente iluminadas, dão lugar a espaços abertos onde arte e natureza se unem para produzir vivências de experiência estética. A arte exposta nos parques, jardins e praças, sujeitas à iluminação natural e à ação da natureza, ganha maior apelo estético entre o público.

A luz do sol, o aroma das flores, a beleza das plantas, o ruído do vento nos galhos das árvores e o voo e o canto dos pássaros são os novos elementos estéticos dos ambientes naturais onde a arte é exposta.

Assim, não é apenas o acervo que é vivenciado esteticamente. Soma-se ao acervo o uso que dele pode ser feito pelos visitantes ao contemplá-lo em um parque, um bosque, um jardim ou nas imediações de um rio, lago, lagoa, praia ou reserva florestal.

A natureza surge como um complemento à beleza do acervo. Realizando eventos em tais ambientes, somos capazes de dinamizar as relações do público com a arte ali exposta e renovar suas vivências estéticas.

As novas tendências na promoção de eventos

O objetivo é resgatar o conceito de vivência artística que teve origem na Antiguidade, "numa época em que corpo e alma, essência e existência, eram tidos como inseparáveis e em que sequer se concebia a possibilidade de sua trágica separação"[11].

No Museu Louisiana, nas cercanias de Copenhague (Dinamarca), a vivência estética da arte é uma experiência comum a todos os seus visitantes. Até mesmo espreguiçadeiras são colocadas à disposição dos visitantes para que eles possam acomodar-se melhor e contemplar as obras de arte dispostas nos jardins.

É a perfeita união da contemplação estética da arte com a experiência estética do domínio da arte e da natureza.

O domínio da estética no campo de eventos

Ao contrário dos anos 1990, quando houve o predomínio da "cultura da reclamação", termo criado pelo crítico australiano Robert Hughes, nos anos 2000 deverá prevalecer a cultura da estética.

Peter Schjeldahl, da revista *The New Yorker*, também concorda com o surgimento dessa nova tendência. Segundo ele, "os artistas contemporâneos estão mais preocupados com a estética do que com a ideologia"[12].

A nudez é um bom exemplo para análise dessa passagem da cultura da reclamação para a cultura da estética no mundo dos eventos de arte. O fotógrafo Spencer Tunick reuniu cem modelos que posaram inteiramente nus na ponte de Williamsburg, em Nova York.

Ao tirarem a roupa os modelos realizaram um manifesto em favor da liberdade de expressão. Dessa forma, prevaleceu a cultura da reclamação, ou seja, a dimensão ideológica no evento. Em 1994, Tunick fez uma foto de uma modelo nua no alto da árvore de natal do Rockefeller Center, também em Nova York. Nesse caso prevaleceu o domínio da estética.

A coreógrafa e bailarina Lia Rodrigues utiliza em seus espetáculos uma estética inovadora do corpo. Os bailarinos de seu grupo apresentam-se nus no palco e, por meio de gestos, criam uma estética da nudez.

Portanto, nas apresentações do grupo prevalece a mais nova tendência no mundo dos eventos de arte: o domínio da estética sobre a ideologia.

Podem ocorrer casos de eventos que privilegiam ambos – ideologia e estética. Contudo, é cada vez maior o domínio da estética na realização de eventos de arte.

Criatividade em eventos

Notas

[1] Regina Miranda. "Coreografias digitais", *Jornal do Brasil*, Caderno Ideias, 10/6/00, p. 4.

[2] Daí o nome de "performances cênicas", e não mais espetáculos-eventos de música, teatro, dança e artes visuais.

[3] *Lifeforms*, um software desenvolvido pelo dr. Thomas Calvert da Simon Fraser University de Vancouver (Canadá), é uma representação do corpo humano que se parece com um corpo modelado por fios em espiral e que se move com bastante fluidez. Por meio do manejo do "mouse", o coreógrafo posiciona as partes do corpo e as movimenta de diversas formas. As imagens surgem na tela do computador ou num telão instalado no próprio palco.

[4] O *dance notation* é um software que permite novas formas de capturar o corpo em movimento.

[5] Alessandra Simões. "O espaço é o espetáculo", *Gazeta Mercantil*, Caderno Fim de Semana, 17 e 18/6/00, p. 24.

[6] Idem.

[7] Idem.

[8] Idem.

[9] Silvio Ribas. "Portais ampliam eventos pela Web", *Gazeta Mercantil*, 15/6/00, p. C2.

[10] Idem, p. C2.

[11] Luis S. Krausz. "A arte ao alcance dos seis sentidos", *Gazeta Mercantil*, Caderno Fim de Semana, 22 e 23/700, p. 21.

[12] Ricardo Calili. "O fim das ideologias na Bienal do Whitney", *Gazeta Mercantil*, Caderno Fim de Semana, 8 e 9/4/00, p. 4.

Evente-se

Evente-se é a mais nova palavra de ordem no campo de eventos. Significa criar eventos para si próprio, em seu trabalho, lazer e entretenimento e em sua vida pessoal, reunindo clientes, parceiros, amigos, parentes, colegas de trabalho e o público em geral.

Exclamações e apelos – "artistas, profissionais, executivos, atletas, consultores, religiosos, escritores, eventem-se!" – devem ser divulgados em todo o mundo.

Eventos são a mais nova forma de alavancagem de qualquer negócio profissional e pessoal nos dias de hoje. Sem eventos não se atrai público, não se vende, não se promovem marcas e produtos, não se faz diversão para si e para os outros. Enfim, nada se faz sem eventos. Esse princípio traduz a importância dos eventos como fatores de alavancagem da indústria do entretenimento, a macroindústria do desenvolvimento da humanidade.

Entretanto, não é tão fácil criar eventos. Analisamos no decorrer deste livro as diversas estratégias criativas de eventos. A criatividade é o fator básico no sucesso de qualquer evento.

Neste aspecto, nós brasileiros, somos insuperáveis. Temos uma capacidade incomum de criar eventos de vanguarda, polêmicos e inusitados. Tem sido assim no esporte, na cultura, na ecologia e em muitos outros setores de atividades.

São eventos criativos que buscam novas formas de comunicação com o público, apresentam temas inovadores e objetivam desvendar caminhos estéticos próprios.

Os eventos tornam-se elementos de transformação social, de aculturação, de educação, conscientização e mobilização de massas. Os eventos tornam-se os maiores e melhores geradores de conteúdo para a mídia.

Os eventos são também fatores de alavancagem de indústrias e setores. Cresce em todo o mundo o número de eventos esportivos, culturais e de negócios. Com eles, revitalizam-se as indústrias do turismo, do esporte e da cultura.

Os eventos criam, recriam, inovam e reinventam. Não são mais simples performances, mas acontecimentos e agentes transformadores de toda a sociedade.

São experiências vivenciais, múltiplos focos de criatividade que dão vida a personagens já falecidas, a fatos já ocorridos ou que irão acontecer e criam modas, tendências e introduzem novas temáticas na vida cotidiana das pessoas.

Por meio dos eventos, imagens são digitalizadas, corpos e objetos se multiplicam e movimentos ganham leveza. Há sempre multiplicação e superposição de imagens. No domínio dos eventos, já existem duas dimensões: real e virtual.

Há os eventos dentro do seu tempo e fora do seu tempo. É o caso dos concursos de misses, tão populares e glamourosos dos anos 1950-60 e hoje praticamente extintos. Um outro exemplo são os festivais de músicas, a grande badalação da música popular brasileira nos anos 1960-70. A Rede Globo tentou ressuscitar os festivais de música com o seu Festival de Música Brasileira 2000: um fracasso total.

Eventos têm o seu tempo. E os concursos de misses e os festivais de músicas já tiveram o seu. Em tais casos nem mesmo a criatividade é suficiente para assegurar o sucesso dos eventos.

Mesmo os eventos tradicionais (Carnaval, *Réveillon*, festas populares, festivais de música etc.) que sobrevivem ao tempo necessitam de maior criatividade para a sua permanente renovação.

Essa renovação implica mudanças significativas na programação das atividades do evento, no seu logotipo e no seu material de divulgação e também em sua versão virtual.

A personalização e a customização de eventos serão duas novas tendências. O cliente-telespectador, de posse de inúmeros recursos digitais, será capaz de escolher imagens do seu interesse, definir atores, personagens e participantes, escolher atrações e ter o seu evento sob medida.

A digitalização e a interatividade são os novos condutores dos processos criativos em eventos. Com a fusão TV-internet, os eventos ganharam nova vida, com textos, som, gráficos, fotos e imagens tridimensionais. O telespectador será capaz de editar suas próprias imagens digitalizadas sob diversos ângulos de visão e permanecer atento aos diversos detalhes do evento.

Dispondo de velocidade de fluxo de dados, o telespectador também poderá acessar um considerável volume de informações sobre o evento.

As imagens serão dramatizadas, com som e até cheiros locais. E, assim, a transmissão em tempo real ganha emoção e autenticidade.

O que observamos na verdade é a ocorrência de uma verdadeira revolução de eventos. Seus principais agentes são os coreógrafos, iluminadores, diretores e roteiristas que, com a sua imaginação, criam roteiros, eventos e temas fantásticos.

O evento também agrega valor ao tema e ao espetáculo. De que valem o teatro, a dança, o esporte, a música, o cinema, a fotografia e as artes plásticas

Evente-se

em geral, se espetáculos e apresentações não trazem criatividade? Pois o público não se contenta mais com simples shows. Quer muito mais – ampliar suas vivências, melhor administrar suas emoções, descobrir o valor estético dos objetos, ampliar seus conhecimentos e buscar novas formas de vida e de aprendizagem.

Eventos são passagens obrigatórias e momentos essenciais em nossas vidas. É difícil explicar o que representam os eventos na vida das pessoas amantes das coisas boas da vida. Descrever seus benefícios é inútil. Eventos devem ser vistos e criados.

Países, cidades, regiões, empresas, entidades e associações vão multiplicar suas agendas de eventos. E todos nós vamos ter nossas agendas individuais de eventos. Vamos priorizar os eventos mais criativos.

Portanto, ao final deste livro só há uma mensagem final para os meus leitores: *eventem-se!*

Bibliografia

ABREU, Gilberto de. "Um mirante sobre o Rio". *Jornal do Brasil*, Caderno B, 10/6/00, p. 1.

ALVARENGA, Telma. "O mar é uma festa". *Veja*, 5/4/00, p. 6.

BITTENCOURT, Elaine. "Andy Warhol, a cinderela da arte pop". *Gazeta Mercantil*, Caderno Fim de Semana, 23 e 24/10/99, p. 8.

BITTENCOURT, Luciana. "À mesa, com a Firjan". *Gazeta Mercantil*, RioCultura, 26/6/00, p. 4.

BONEFF, Alfredo. "A força do mercado étnico". *Gazeta Mercantil*, RioCultura, 19/6/00, p. 4.

_____. "Porão Musical de bons negócios". *Gazeta Mercantil*, RioCultura, 17 e 18/6/00, p. 4.

_____. "Tecnologia da criação". *Gazeta Mercantil*, RioCultura, 15/6/00, p. 1.

_____. "Um caçador de letras". *Gazeta Mercantil*, Caderno Fim de Semana, 22 e 23/7/00, p. 19.

BONO, Edward de. *Criatividade levada a sério: como gerar ideias produtivas através do pensamento lateral*. São Paulo: Pioneira, 1992.

BRAGA, João Ximenes. "Vermeer numa visão multimídia". *O Globo*, 15/7/00, p. 12.

CALIL, Ricardo. "O fim das ideologias na Bienal do Whitney". *Gazeta Mercantil*, Caderno Fim de Semana, 8 e 9/4/00, p. 4.

CANDEIAS, Maria Lúcia. "Curiosa mistura com a dança". *Gazeta Mercantil*, Caderno Fim de Semana, 5 e 6/12/98, p. 7.

_____. "O brilho do inusitado". *Gazeta mercantil*, Caderno Fim de Semana, 1º e 2/4/00, p. 6.

CERQUEIRA, Sonia; BRISOLLA, Fábio & AUTRAN, Gustavo. "Os donos da festa". *Veja*, 10/5/00, p. 13.

CLÁUDIO, Ivan. "Em berço esplêndido". *IstoÉ*, 26/4/00, p. 126.

CLEGG, Brian & BIRCH, Paul. *Criatividade: modelos e técnicas para geração de ideias e inovação em mercados altamente competitivos*. São Paulo: Makron Books, 2000.

Criatividade em eventos

_____. *O pensamento lateral na administração*. São Paulo: Saraiva.

_____. *Tática: a arte e a ciência do sucesso*. Rio de Janeiro: Record, 1985.

DIAS, Otávio. "Grupo mineiro de rua vai ao teatro de Shakespeare". *Folha de S. Paulo*, Folha Ilustrada, 10/7/00, p. 1.

DUAILIBI, Roberto & SIMONSEN Jr., Harry. *Criatividade: a formulação de alternativas de marketing*. São Paulo: Abril S.A./McGraw Hill do Brasil, 1971.

ECO, Umberto. *Sobre os espelhos e outros ensaios*. Rio de Janeiro: Nova Fronteira, 1985.

_____. *Viagem na irrealidade cotidiana*. Rio de Janeiro: Nova Fronteira, 1983.

FARIAS, Agnaldo. "Museografia arranhada". *Gazeta Mercantil*, Caderno Fim de Semana, 27 e 28/5/00, p. 19.

FEIJÓ, Leonardo. "Feira da Providência movimentará R$ 6 milhões". *Gazeta Mercantil*, Gazeta do Rio, 20/6/00, p. 3.

FOLHA DE S. PAULO. "Site oficial da Olimpíada aposta em quantidade de informações". São Paulo, 5/7/00, p. D-6.

_____. "Internet serve como alternativa para acompanhar Wimbledon". São Paulo, 28/6/00, p. D-8.

FONTES, Flávia. "A desconstrução do clássico". *Gazeta Mercantil*, Caderno Fim de Semana, 24 e 25/10/98, p. 5.

_____. "A força sensual". *Gazeta Mercantil*, Caderno Fim de Semana, 20 e 21/05/00, p. 17.

_____. "Deborah Colker põe o cotidiano em movimento". *Gazeta Mercantil*, Caderno Fim de Semana, 6 e 7/11/99, p. 11.

_____. "Desgaste histórico". *Gazeta Mercantil*, Caderno Fim de Semana, 22 e 23/5/99, p. 4.

_____. "Entre a imaginação e a realidade". *Gazeta Mercantil*, Caderno Fim de Semana, 1º e 2/4/00.

_____. "Evolução sutil de um estilo". *Gazeta Mercantil*, Caderno Fim de Semana, 11 e 12/9/99, p. 8.

_____. "Festival de teoria". *Gazeta Mercantil*, Caderno Fim de Semana, 15 e 16/7/00, p. 17.

_____. "Reflexos e distrações através do vidro". *Gazeta Mercantil*, Caderno Fim de Semana, 21 e 22/8/99, p. 6.

FRANCO, Luciana. "Turismo de Eventos estica alta temporada". *Gazeta Mercantil*, Caderno Viagens & Negócios, 17/2/00, p. 1.

GALVÃO, Marcelo. *Mente criativa*. Rio de Janeiro: Quality Mark, 1992.

GAZETA MERCANTIL. "Faustos para todos os gostos e ocasiões". Caderno Fim de Semana, 21 e 22/8/99, p. 11.

_____. "Internet como ferramenta do marketing cultural". Caderno Fim de Semana, 8 e 9/4/00, p. 1.

_____. "Libelo marxista no templo maior". Caderno Fim de Semana, 8 e 9/8/98, p. 9.

_____. "Museus abraçam o design". São Paulo, 18 e 19/3/00, p. 4.

_____. "O anel das montagens de Bayreuth". Caderno Fim de Semana, 23 e 24/8/97, p. 9.

_____. "O promissor mercado do Gospel". Gazeta do Rio. Rio de Janeiro, 24 e 25/6/00, p. 5.

_____. "Passos surrealistas no Municipal". Caderno RioCultura, 3/7/00, p. 2.

_____. "Uma festa vista pela lente da sensibilidade". Caderno RioCultura, 29/6/00, p. 1.

GIRO, Luis Antonio. "Berço que é túmulo do jazz". *Gazeta Mercantil*, Caderno Fim de Semana, 6 e 7/5/00, p. 17.

_____. "Inéditos e esparsos de Richard Wagner". *Gazeta Mercantil*, Caderno Fim de Semana, 23 e 24/8/97, p. 9.

_____. "La Fura Dels Baus na meia-idade". *Gazeta Mercantil*, Caderno Fim de Semana, 21 e 22/8/99, p. 11.

GRAIEB, Carlos. "Impávido Colosso". *Veja*, 26/4/00, p. 181.

GURGEL, Anderson. "São Paulo desponta como centro de negócios esportivos". *Gazeta Mercantil*, 13/7/00, p. C-8.

JORNAL DO BRASIL. "Um jardim multimídia". *Revista Programa*. Rio de Janeiro, 30/6- 6/7/00, p. 23.

_____. "Fotógrafo reúne cem modelos nus em NY". Caderno B, 5/6/00, p. 3.

JORNAL DO COMMERCIO. "Bailarina transforma dança em esculturas humanas", 10/7/00, p. A-30.

KRAUSZ, Luis S. "A arte ao alcance dos seis sentidos". *Gazeta Mercantil*, Caderno Fim de Semana, 22 e 23/7/00, p. 21.

_____. "A síndrome crônica da pobreza emocional". *Gazeta Mercantil*, Caderno Fim de Semana, 15 e 16/7/00, p. 12.

LAMEGO, Valéria. "Performances recicladas". *Jornal do Brasil*, Caderno B, 30/6/00, p. 4.

LOPES, Denise. "O mundo sensorial de Lygia Clark". *Gazeta Mercantil*, Caderno RioCultura, 1º e 2/7/00, p. 1.

_____. "Rock in Rio, um show de marketing". *Gazeta Mercantil*, Gazeta do Rio, 24 e 25/6/00, p. 6.

MARGARIDO, Orlando. "O guerreiro da América Latina". *Gazeta Mercantil*, Caderno Fim de Semana, 21 e 22/8/99, p. 7.

MENEZES, Adélia Bezerra de. "Uma reencenação histórica". *Folha de S. Paulo*, Caderno Mais, 10/9/99, p. 10.

MIRANDA, Regina, "Coreografias digitais". *Jornal do Brasil*, Caderno Ideias, 10/6/00, p. 4.

MIRSHAWKA, Victor & MIRSHAWKA, Victor Jr. *Qualidade da criatividade: a vez do Brasil.* São Paulo: Makron Books, 1993.

NOLASCO, Sonia. "Os infernos de Picasso". *Gazeta Mercantil*, Caderno Fim de Semana, 6 e 7/3/99, p. 8.

O GLOBO. "Wasserman: cultura e livro precisam de verba". Caderno Prosa e Verso, 22/4/00, p. 3.

OLIVEIRA, Tadeu. "Diversão e compras". *Jornal do Commercio*, 9/5/00, p. B-5.

ONOFRE, José. "A pequena história de Hollywood". *Gazeta Mercantil*, Caderno Fim de Semana, 13 e 14/5/00, p. 15.

PADRÃO, Márcio. "Garanhuns em clima de Festival de Inverno". *Gazeta Mercantil*, Gazeta do Nordeste, 13/7/00, p. 5.

PONTES, Aloísio. "RN investe R$ 3 milhões para incentivar o turismo". *Gazeta Mercantil*, Gazeta do Nordeste, 11/7/00, p. 1.

PONTES, Eunice (org.). *O continuum língua oral e língua escrita: por uma nova concepção do ensino.* Campinas: Papirus, 1998.

REZENDE, Marcelo. "A audácia ornamental dos 1900". *Gazeta Mercantil*, Caderno Fim de Semana, 8 e 9/4/00, p. 10.

_____. "Divagações milenistas". *Gazeta Mercantil*, Caderno Fim de Semana, 23 e 24/1/99, p. 6.

RIANI, Mônica. "Moda ganha espaço e prêmio". *Gazeta Mercantil*, RioCultura, 26/6/00, p. 4.

_____. "Radiografia do Carnaval". *Gazeta Mercantil*, Gazeta do Rio/Suplemento RioCultura, 29/6/00, p. 1.

_____. "Obra à espera de um conceito". *Gazeta Mercantil*, Caderno RioCultura, 12/6/00, p. 2.

RIBAS, Silvio. "Portais ampliam eventos pela Web". *Gazeta Mercantil*, 15/6/00, p. C-2.

ROCHA, Camilo. "O admirável mundo eletrônico". *Gazeta Mercantil*, Caderno Fim de Semana, 24 e 25/10/98, p. 4.

RODRIGUES, Iesa. "Que venha a moda". *Jornal do Brasil*, Caderno B, 16/7/00, p. 1.

SANTIAGO, Alberto. "Semana de Moda é vitrine para estilistas". *Folha de S. Paulo*, 11/7/00, p. E-8.

SANTOS, Joel Rufino dos. "História: seu jeito de aula". *Jornal do Brasil*, Caderno Ideias, 1/7/00, p. 6.

SIMÕES, Alessandra. "O espaço é o espetáculo". *Gazeta Mercantil*, Caderno Fim de Semana, 17 e 18/6/00, p. 24.

Bibliografia

_____. "Uma América distante, mas conhecida". *Gazeta Mercantil*, Caderno Fim de Semana, 1º e 2/4/00, p. 5.

_____. "Variações estéticas de um mesmo tema". *Gazeta Mercantil*, Caderno Fim de Semana, 5 e 6/12/98, p. 6.

SLYWOTZKY, Adrian J. *Migração do valor*. Rio de Janeiro: Campus, 1997.

VALOR. "A Disney do papai está na Alemanha". 30/5/00, p. B-8.